返り咲き就任から100日

トランプの電撃作戦（ブリックリーク）

世界覇権からの撤退を始めるアメリカ、
脱ドル化に進む世界経済

古村治彦
Furumura Haruhiko

まえがき

２０２５年1月20日、第２次ドナルド・トランプ政権が発足した。トランプ大統領は就任直後から異例のスピードで、次々と施策を発表し、実行している。注目を集めているのは、イーロン・マスクが率いる政府効率化省だ。政府効率化省のスタッフたちは各政府機関に乗り込んで、人事や予算の情報を集め、調査している。そして、米国国際開発庁（ＵＳＡＩＤ）については、マスクの進言もあり、閉鎖が決定された。日本では聞き慣れない、米国国際開発庁という政府機関の名前が日本でも連日報道されるようになった。その他、トランプ政権の動きは、日本のメディアでも連日報道されている。

第２次トランプ政権の一気呵成、電光石火の動きは、米連邦政府と官僚たちに対する「電撃作戦 Blitzkrieg」と呼ぶべき攻撃だ。電撃作戦、電撃戦とは、第２次世界大戦中のドイツ軍が採用した、機動性の高い戦力の集中運用で、短期間で勝負を決する戦法だ。トランプとマスク率いる政府効率化省は、相手に反撃する隙を与えないように、短期間で勝負を決しようとしている。

アメリカではこれまで、新政権発足後から100日間は、「新婚期間、ハネムーン期間 honeymoon」と呼ばれ、あまり大きな動きはないが、支持率は高い状態が続くという、少しのんびりとした、エンジンをアイドリングする期間ということになっていた。しかし、第2次トランプ政権のスピード感に、アメリカ国民と世界中の人々が驚き、翻弄（ほんろう）されている。人々は、トランプ大統領が次に何をするかを知りたがっている。政権発足直後に、これほどの注目を集めた政権はこれまでなかっただろう。

1月20日以降、メディアや世論調査の各社が、ドナルド・トランプ大統領の職務遂行支持率 job approval ratings（ジョブ アプルーヴァル レイティングス）を調査し、結果発表を行っている。アメリカの政治情報サイト「リアルクリアポリティックス」で各社の数字を見ることができるが、2月に入って、支持が不支持を上回り、支持率が伸びていることが分かる。世論調査会社「ラスムッセン・レポート社」が2月9日から13日にかけて実施した世論調査の結果では、トランプ大統領の仕事ぶりの支持率が54％、不支持率は44％だった。トランプの電撃作戦について、アメリカ国民は驚きをもって迎え、そして、支持するようになっている。

「トランプが大統領になって何が起きるか」ということを昨年11月の大統領選挙直後から質問されることが多くなった。私は「私たちが唯一予測できることはトランプが予測不可能であることだ The only thing we can predict is that Trump is unpredictable.」という、海外の記事でよく使われるフレーズを使ってはっきり答えないようにしていた。ずるい答えで、申し訳ないと思っていたが、トランプ政権がスタートして見なければ分からないと考えていた。

私は、第2次トランプ政権の方向性について見当をつけるために、昨年の大統領選挙前後から第2次トランプ政権発足直後の数週間まで、アメリカ政治を観察 observation(オブザヴェイション) してきた。洪水のような情報の流れに身を置きながら、トランプの発言やアメリカでの記事を分析した。そして、大統領就任式での演説（素晴らしい内容だった）を聞き、それ以降の動きを見ながら、確信を得たことを本書にまとめた。内容については、読んでいただく読者の皆さんの判定を受けたいと思う。

本書の構成は以下の通りだ。第1章では、ドナルド・トランプと、テック産業の風雲児であり、トランプを支持してきたイーロン・マスクとピーター・ティールの関係を中心にして、アメリカにおける「新・軍産複合体」づくりの最新の動きを見ていく。ピーター・ティールの存在がなければ、トランプの出現と台頭はなかったということが分かってもらえると思う。

第2章では、第2次トランプ政権の主要閣僚について解説する。第2次トランプ政権の柱となる政策分野を中心に、閣僚たちの分析を行っている。閣僚たちのバックグラウンドや考え方を改めて分析し、どのような動きを行うかについて分析する。外交関係の閣僚たちは第4章で取り上げる。

第3章では、2024年の大統領選挙について改めて振り返り、トランプの勝因とジョー・バイデンとカマラ・ハリス、民主党の敗因について分析する。また、次の2028年の大統領選挙にトランプ大統領は立候補できないので、誰が候補者になるかを現状入手できる情報を基にして予測する。

第4章では、第2次トランプ政権の発足で、アメリカの外交政策はどうなるかについて分析した。ウクライナ戦争、イスラエル・ハマス紛争を中心とする中東情勢、北朝鮮関係について分析する。また、第2次トランプ政権の外交政策の基本は「モンロー主義」であることを明らかにする。

第5章では、世界全体の大きな構造変化について分析する。アメリカを中心とする「西側諸国 the（ジ） West（ウエスト）」対 中国とロシアを中心とする「西側以外の国々 the（ザ） Rest（レスト）」の構図、脱ドル化の動き、新興大国の動き、米中関係のキーマンの動きを取り上げている。アメリカの世界からの撤退がこれから進む中で、日本はどのように行動すべきかについても合わせて考えている。

本書を読んで、読者の皆さんが第2次トランプ政権について理解ができて、戸惑いや不安を減らすことに貢献できるならば、著者としてこれ以上の喜びはない。

2025年2月

古村治彦（ふるむらはるひこ）

『トランプの電撃作戦』

目次

目次

第2章　第2次ドナルド・トランプ政権は「アメリカ・ファースト」政権となる

第3章　トランプ大統領返り咲きはどうやって実現できたのか

第4章　トランプの大統領復帰によって世界情勢は小康状態に向かう

第5章　トランプ率いるアメリカから離れ、ヨーロッパはロシアに、アジアは中国に接近する

カバー写真・ＡＦＰ＝時事通信フォト

装丁・泉沢光雄

イーロン・マスク
政府効率化省トップ

リンダ・マクマホン
教育長官

ダグ・コリンズ
退役軍人長官

クリスティ・ノーム国土安全保障長官

J・D・ヴァンス
副大統領

リー・ゼルディン
環境保護庁長官

トゥルシー・ギャバード国家情報長官

ジェミソン・グリア通商代表

エリス・ステファニック国連大使

スーザン・ワイルズ大統領首席補佐官

ラス・ヴォート
行政管理予算局長

マイク・ウォルツ
国家安全保障担当補佐官

スティーヴン・ミラー政策担当次席補佐官

第2次トランプ政権の閣僚メンバー

マルコ・ルビオ国務長官

スコット・ベセント財務長官

ピート・ヘグセス国防長官

パム・ボンディ司法長官

ダグ・バーガム内務長官

ブルック・ロリンズ農務長官

ハワード・ラトニック商務長官

ロリ・チャベス・デレマー労働長官

ロバート・ケネディ・ジュニア保健福祉長官

スコット・ターナー住宅都市開発長官

ショーン・ダフィー運輸長官

クリス・ライトエネルギー長官

第1章

ピーター・ティールとイーロン・マスクに利用される第2次トランプ政権

新・軍産複合体づくりを進める2人が支えた132年ぶりの返り咲き大統領

ドナルド・トランプ（Donald Trump、1946年－　78歳）が大統領に返り咲いた。第45代大統領を務め、2025年から第47代大統領となる。一度敗れた元大統領が大統領の座に戻るというのは、第22代、24代大統領グロヴァー・クリーヴランド（Grover Cleveland、1837－1908年、71歳で没　在任：1885－1889年、1893－1897年）以来、実に132年ぶりのことだ。トランプの歴史的な偉業の裏にはそれを支えた人物たちがいる。

その代表が実業家・起業家のイーロン・マスク（Elon Musk、1971年－　53歳）だ。マスクは、2002年に宇宙開発企業のスペースX社 Space X、2003年に電気自動車メーカーのテスラ社 Tesla を創業し、さらに、2022年には、SNS（ソーシャルネットワークサーヴィス）の旧ツイッター Twitter を買収して、「X」と改名し、現在も所有している。マスクは大統領選挙最終盤で、トランプを選挙資金、SNS発信の面で支え、勝利に大きく貢献した。今やトランプの側近中の側近、最も重要な相棒 buddy というべき存在だ。マスクは影響力を行使して、自身が推薦する人物を政権の閣僚に押し込むことができた。そして、マスク自身が「政府効率化省（Department of Government Efficiency, DOGE）」とい

P・ティールとE・マスクの新・軍産複合体作りが始まる

2024年10月7日、バトラーでのトランプ集会でのイーロン・マスク

2016年12月のIT企業トップの経営者たちと就任を間近に控えたトランプ氏との会談はピーター・ティール(右)の仲介で実現した

1998年、ピーター・ティール(左)はイーロン・マスク(右)とペイパルを創業した

う政府機関を率いるまでになった。

トランプにとって、マスクほど表に出ている存在ではないが、もう1人の重要な人物がいる。この人物こそはトランプ運動のスタートを支えた人物、ピーター・ティール（Peter Thiel、1967年－　57歳）だ。今回の大統領選挙で、ティールは、トランプを支持しないとして距離を取った（『*Forbes JAPAN*』誌2024年9月2日付記事「J・D・ヴァンス、ピーター・ティールに大統領選への資金援助を要請」）。しかし、ピーター・ティールの影響力がなくなったと考えている人は誰もいない。「これまでトランプとは深い関係にあったのだから裏ではきちんとつながっているだろう、トランプも世話になっているのだから、ティールをないがしろにはしないだろう」と考えられている。また、J・D・ヴァンス副大統領にとってピーター・ティールは頭が上がらない「育ての親」とも言うべき存在である。このことは第2章で詳しく見ていく。そして、何よりもイーロン・マスクとピーター・ティールは30年来の盟友である。ピーター・ティールの「不在」は逆に彼の存在感の大きさを示している。

ピーター・ティールは1998年に、イーロン・マスクと一緒にインターネット決済サーヴィス提供企業ペイパル社 PayPal を創業した。ペイパル社出身者たちはシリコンヴァレーで成功を収めた人たちが多く、「ペイパル・マフィア PayPal Mafia」と呼ばれている。ペイパル・マフィアの人物たちはトランプを支持した。ピーター・ティールはそうした人々に起業資金を提供し、大きなリターンを得ている。2004年には、自分でもデータ解析企業パランティア・テクノロジーズ社 Palantir Technologies を創業し、現在も会長を務めている。

シリコンヴァレーのテック産業分野において、最初にトランプに接近したのがピーター・ティールだ。ピーター・ティールは2016年の大統領選挙で、トランプに多額の政治献金を行った。当時、シリコンヴァレーの起業家やテック産業大手のほとんどは、大統領選挙での勝利が確実と見られていた、民主党のヒラリー・クリントン（Hillary Clinton、1947年－ 77歳）に献金を行っていた。そうした中で、ティールはトランプ勝利に賭け、見事に勝利した。

ティールは、当選直後のドナルド・トランプと、テック分野の大企業トップたちとの会談を仲介し、この会談の出席者の中にイーロン・マスクがいた。イーロン・マスクとトランプをつなげた人物こそは、ピーター・ティールである。トランプが2016年の大統領選に勝利した後、ティールは政権移行ティーム（政権の閣僚人事などを行う）にも参加した。前述した通り、2024年の大統領選挙では、ティールはトランプ支持を拒否したために、関係が切れているということになっている。しかし、多くのメディアは、ティールとトランプの関係は切れていないと報じている。

ドナルド・トランプ、イーロン・マスク、ピーター・ティールをつなぐカギは、これまで私が主張してきた「アメリカにおける新・軍産複合体づくり」である。その主役となるのが、バイデン政権下で、国防総省を始めとするアメリカ政府の諸機関との関係を深め成長してきた、ピーター・ティールが会長を務めるパランティア・テクノロジーズ社とイーロン・マスクが創設者兼会長を務めるスペースX社だ。

テック産業の新興企業が、民主党系のウエストエグゼク・アドヴァイザーズ社 WestExec Advisors というコンサルティング会社を仲介として、アメリカ政府とつながっていく様子を、私は著書『悪魔のサイバー戦争をバイデン政権が始める』（秀和システム、2021年）と『バイデンを操る者たちがアメリカ帝国を崩壊させる』（徳間書店、2023年）で書いた。私はこの動きを「「アメリカにおける新・軍産複合体 Neo Military-Industry Complex づくり」と名付けた。詳しくは前著を是非お読みいただきたい。

「軍産複合体」という言葉は、第34代米大統領ドワイト・D・アイゼンハワー（Dwight D. Eisenhower、1890－1969年、78歳で没　在任：1953－1961年）が大統領を退任する際の演説で使ったことで一般にも使われるようになった。アメリカ政府、特に国防総省、アメリカ軍と軍需産業が癒着し、国家予算にたかっているというイメージだ。予算の編成権は連邦議会にあり、連邦議員も絡むということで、軍産複合体は、正確には、軍事議会産業複合体 military-congress-industry complex と言うべきという意見もある。軍産複合体には、他にも、ロビイスト lobbyists や学者などの専門家も含まれる。

具体的には、ロッキード・マーティン社 Lockheed Martin、ボーイング社 Boeing、レイセオン・テクノロジーズ社 Raytheon Technologies といった戦闘機や戦車、ミサイルなどの武器を製造している企業が国家予算にたかって（議員たちに献金をして予算を決めてもらって）、莫大な利益を上げている。

トランプ政権下で、パランティア社とスペースX社が中心となって、シリコンヴァレーのテック産業企業と国防総省・アメリカ軍が結びついて、新たな軍産複合体づくりが具体的に進むことになる。このことは、この章の後半で詳しく見ていく。古い軍産複合体は、ロッキード・マーティン社やボーイング社などの武器メーカーが中心となった、「重厚長大 smokestack」な軍需産業であったが、これからの軍産複合体が取り扱うのは「通信 communication」「データ data」「情報 information」である。そして、戦場はサイバー空間と宇宙空間に広がっていく。イーロン・マスクとピーター・ティールは、トランプに対する自分たちの影響力を利用して、肥え太っていく。２０２４年大統領選挙の最大の勝利者はイーロン・マスクであり、その裏にいるピーター・ティールだ。本章では、トランプ政権下での新・軍産複合体づくりが進むことを明らかにしていく。

トランプ陣営においてわずか3カ月で最側近の地位を得たイーロン・マスク

繰り返しになるが、ドナルド・トランプの再選にとって重要な存在となったのがイーロン・マスクだ。イーロン・マスクは、２０２４年7月13日（日本時間では14日）にペンシルヴァニア州バトラーで発生した、トランプ暗殺未遂事件直後に、トランプ支持を表明し、合計で1億１８００万ドル（約１８５億円）もの献金を行った。これだけ巨額の献金をトランプにした人物は他にはいない。

２０２４年10月19日付の『*WIRED*』誌の記事「イーロン・マスクのトランプへの1億１８００万ドルもの寄付がいかに巨額か（Here's Just How Massive Elon Musk's $118 Million Trump Donation Is）」には、ヴィジュアルで献金者と献金額が示されているが、イーロン・マスクが突出していることがよく分かる。また、マスク自身が所有するＳＮＳサーヴィス「X」で、マスク自身が精力的に発信を行い、トランプを応援し続けた。現代の選挙におい

イーロン・マスクはわずか3カ月でトランプの最側近の地位を手に入れた

2024年11月6日未明、大統領選での勝利が確定した直後に撮影されたトランプ・ファミリーの集合写真にもイーロン・マスクが写っている（右から2人目）。
トランプの孫娘カイ・トランプ（左から4人目）は、マスクを「おじさん uncle 」だと評している。

て、政治資金とＳＮＳを活用できる人物が選挙結果を左右するほどの力を持つ。マスクはまさにそうした人物だ。

イーロン・マスクは１９７１年に南アフリカで生まれた。１９８９年に親族を頼ってカナダに移住し、クィーンズ大学に進学した。１９９１年には奨学金を受けて、アメリカの名門ペンシルヴァニア大学に進み、経済学と物理学で学士号を取得した。１９９５年には物理学でスタンフォード大学大学院に進んだが２日で退学した。その後、起業を始め、１９９９年に、金融サーヴィスと電子メールサーヴィスの「X.com 社」を立ち上げた。

ピーター・ティールが創設した「コンフィニティ社 Confinity 」とX社が合併した。コンフィニティが決済サーヴィス「ペイパル PayPal 」を創り出した。コンフィニティは後に「ペイパル社」に改名している。ペイパルは２００２年に15億ドル（約１７００億円）でインターネット通販大手の「イーベイ社 eBay 」に買収され、マスクは1億７５８０万ドル（約２００億円）を手にした。

マスクは入手した資金を使って、２００２年に宇宙開発企業「スペースX社」、２００３年には電気自動車メーカー「テスラ社」を創業し、現在も所有し、経営を続けている。また、２０２２年にはソーシャル・ネットワーク・サーヴィス（ＳＮＳ）の「ツイッター社」を買収し、「X」に改名したことは世界的な話題となった。

２０２４年11月５日のアメリカ大統領選挙投開票日前後、マスクは常にトランプの傍らにいた。当選確実が伝えられた後、トランプは家族全員で写真を撮ったが、その際にマスクとマスクの息子を招き入れて、一緒に写真を撮った。家族同様の扱いである（「トランプが選挙の投開票日の家族写真にマスクと息子を引き入れる（Trump pulls Elon Musk, son into family photo on election night）」、『ザ・ヒル』誌、２０２４年11月11日）。トランプの孫娘カイ・トランプはマスクについて、トランプ一族にとって、「おじさん uncle」の地位にあると評している。また、マスクはトランプにとっての「最も近い相棒 first buddy」の地位にあるとも言われている。マスクは、大統領選挙最終盤のわずか３カ月で、トランプの最側近の地位を手に入れた。当選後のトランプと外国首脳の電話会談や実際の会談にも同席するまでになった。イーロン・マスクは２０２４年の大統領選挙の主役級の注目を集めるほどになったが、マスクとトランプをつないだ人物がいる。それがピーター・ティールだ。

第1次トランプ政権誕生に尽力し、影響力を持ったピーター・ティール

２０１６年の大統領選挙でドナルド・トランプが当選したことは驚きを持って迎えられた。それは、対抗馬である、民主党のヒラリー・クリントンの勝利が確実だと見られていたからだ。２０１５年12月30日のフィナンシャル・タイムズの紙面での２０１６年の予想に、ヒラリー・クリントンの大統領選挙当選が入ったほどだ。シリコンヴァレーのテック産業の実業家たちはリベラル志向で民主党支持者が多かったし、今でもそうだ。シリコンヴァレーのトランプ支持者は極めて少数派のままだ。

ティールの決意の固さを示す言葉がある。ロイター通信２０１６年11月1日付記事「たとえ敗北でも『トランプ運動』不滅、著名投資家ティール氏主張」ではティールの並々ならない、トランプ支持の強さが次のように書かれている。

ティール氏は、ワシントンの米ナショナル・プレス・クラブ（ＮＰＣ）で講演し「この選挙の結果がどうなろうと、トランプ氏が訴えていることは、ばかげたことではない。運動は続く」と語り、トランプ氏は「レーガン主義を超える新しい共和党」の土台を作

っていると述べた。
ティール氏は、ワシントンのエリートたちは一般の国民とかけ離れていると批判、トランプ氏は変える必要のあるシステムを揺さぶっているとの見方を示した。ティール氏は「今回の選挙は狂っているように見えるかもしれないが、我が国の状態ほどには狂ってはいない」とした。

2016年の大統領選挙は直前まで、「トランプが追い上げるも、ヒラリー勝利の可能性が高い」という論調の報道がほとんどだった。世論調査の数字でもヒラリーがリードしていた。そうした中での、ピーター・ティールの発言は、彼の力強い信念を示している。「選挙の結果がどうなろうとも、トランプの運動はこれからも続く」というのは、実際に2020年の大統領選挙で敗れても、人々の支持を集め続け、132年ぶりの歴史的なカムバックを果たした、トランプの復活劇を予言していたと言える。トランプの出現は、時代のあだ花、一過性の小さな出来事ではなく、アメリカの歴史の大きな流れを示す現象なのだということをピーター・ティールは2016年の時点で理解していたのである。

ピーター・ティールは1967年に当時の西ドイツ・フランクフルトで生まれた。鉱山技師の父親の仕事の都合で、アメリカ、南アフリカ、ナミビアで生活することになった。その後、１９７７年にカリフォルニア州に定住することになった。高校で優秀な成績を収め、名門スタンフォード大学に進学した。１９８９年に卒業後に、スタンフォード大学法科大学院に進み、１９９２年に法務博士号を取得した。法曹の道に進んだが、すぐに、シリコンヴァレーに戻り（スタンフォード大学はシリコンヴァレーの中にある）、ヴェンチャー・キャピタリストとしてのキャリアをスタートさせた。

イーロン・マスクのところでも述べたが、ティールはマスクと共にペイパルを立ち上げ、大成功を収めた。ペイパルをイーベイ社に売却した際に、ティールは５５００万ドル（約70億円）を手に入れた。手に入れた資金を元手にして、ティールは投資ファンドを立ち上げ、スタートアップ企業などに投資をして収益を上げていった。２００５年から２０２２年まで、フェイスブック社 Facebook（途中で META（メタ） 社に社名変更）の取締役を務めた。

ティールの動きで重要なのは、２００３年にビッグデータ解析企業「パランティア・テクノロジーズ社」を創業したことだ。ビッグデータ big data とは、大量のそして多様性のあるデータのことで、それを作成、操作、管理する一連の技術を含む言葉だ。ビッグデータ分析 big data analytics（アナリティクス） はビッグデータから有用な情報を抽出し、予測や意思決定に利用する技術である。最近の報道でも目にする「DX digital（ディジタル） transformation（トランスフォメイション）」は、データやデジタル技術を利用して、企業や組織の運営を変革することだ。パランティア社はさらに、人工知能 artificial intelligence（アーティフィシャル インテリジェンス）、ＡＩに関わるサーヴィスも提供している。人工知能とは、コンピュータが学習や推論などの人間の知的な行動を模倣する技術のことだ。

パランティア社はアメリカ政府、特にＣＩＡをはじめとする情報諜報（インテリジェンス）部門や国防総省と契約を結び、ビッグデータ分析や人工知能サーヴィスを提供してＤＸを進めている。その他にも民間企業もパランティア社の技術を使っている。日本でも、パランティア・ジャパン社が２０１９年に創設され、損保ジャパンやヤマト運輸、富士通と提携している。

２００５年にはヴェンチャーキャピタルファンドである「ファウンダーズ・ファンド社 Founders Fund」を創設した。この投資ファンドを通じて、フェイスブック社、民泊サーヴィスのエアビーアンドビー社 Airbnb、ビジネス特化型ＳＮＳのリンクトイン社 LinkedIn、音楽配信サーヴィスのスポティファイ社 Spotify、スペースX社などに初期投資を行った。マスクがスペースX社を創設し、ロケット発射で連続して失敗していた時期、ティールはファウンダーズ社を通じて、資金援助をして支援した。これらの企業は短期間で大成功しているが、ピーター・ティールの事業やテクノロジーを見抜く力、眼力（がんりき）が優れていることを示している。

2016年のトランプの大統領選挙当選後、ティールはトランプ周辺で影響力を持ち、トランプのために行動している。2016年12月14日、ピーター・ティールが仲介役を務め、ドナルド・トランプとシリコンヴァレーのテック企業の経営者や幹部が、ニューヨークのトランプタワーで会談を行っている（日本経済新聞2016年12月15日付記事「アップルCEOらITトップ、トランプ氏と会談」）。その会談には、アマゾン社のジェフ・ベゾス（Jeff Bezos、1964年－60歳）、フェイスブック社の最高執行責任者シェリル・サンドバーグ（Sheryl Sandberg、1969年－55歳）、グーグル社Googleの親会社アルファベットCEOのラリー・ペイジ（Larry Page、1973年－51歳）、マイクロソフト社MicrosoftのCEOのサティア・ナデラ（Satya Nadella、1967年－57歳）、そして、テスラのイーロン・マスクなどが参加した。ここで、ドナルド・トランプとイーロン・マスクの接点ができる。2人の出会いはピーター・ティールがお膳立てしたということになる。マスク以外の人物たちは、トランプと距離を取った。

2024年のトランプのカムバックを受けて、シリコンヴァレーのテック産業の大企業がトランプに近づこうとして、大統領就任式に寄付を申し出ているのは、何とも皮肉な話だ（ロイター通信2025年1月10日付記事「マイクロソフトとグーグルもトランプ氏就任基金に寄付、各100万ドル＝報道」)。マイクロソフト社、グーグル社、アップル社、META社、アマゾン社、オープンAI社がトランプの大統領就任式や基金に寄付を行った。ちなみに、就任式に対する寄付金は合計で約1億7000万ドル（約260億円）を超えたということだ。就任式には、META社（フェイスブック）最高経営責任者のマーク・ザッカーバーグ、アマゾン社のジェフ・ベゾス、アップル社のティム・クック、「ティックトック社（TikTok）」最高経営責任者の周受資（Shou Zi Chew、1983年‐　42歳）、グーグル社最高経営責任者のサンダー・ピチャイ（Sundar Pichai、1972年‐　52歳）が招待された。

2020年の大統領選挙に落選後、トランプに対してテック産業は締め出しを行った（『*Forbes JAPAN*』2021年1月13日付「トランプのSNS締め出しに欧州から批判　テック大手への警告か」)。フェイスブックやインスタグラム、ツイッターのアカウントは削除された。アマゾンが提供するクラウドコンピューティングサーヴィスのAWS（Amazon Web Services）からも排除された。当時のヨーロッパ諸国の首脳たちが軒並み、「言論の自由」「表現の自由」に対する侵害だと批判するほどだった。このような「トランプ虐め」をテック産業全体が行った。それが、トランプのカムバックが実現すると、手のひら返しで、トランプにすり寄る姿を見せている。彼らは、自分たちのビジネスができないようにされてしまう「復讐」を恐れているのだ。

ＣＮＮ２０２５年1月17日付記事「ビル・ゲイツはトランプとの3時間にわたる夕食会の後「率直に言って感銘を受けた」と発言（Bill Gates Was 'Frankly Impressed' After 3-Hour Dinner With Trump）」によると、２０２５年1月初頭にビル・ゲイツ（Bill Gates、１９５５年－69歳）がトランプと夕食会を持った。トランプ側からはスージー・ワイルズ（Susie Wiles、１９５７年－67歳）大統領首席補佐官、ゲイツ側は、ビル・ゲイツの個人ウェブサイト「ゲイツ・ノーツ」の最高経営責任者ラリー・コーエンが出席した。どちらも側近が出席したことになる。

トランプとゲイツは、ゲイツが進めているＨＩＶ治療薬の開発とポリオ（小児麻痺）の撲滅運動について話し合い、トランプは「非常に高揚した」様子だったとゲイツは述べている。そして、夕食会の感想を聞かれて「率直に言って感銘を受けた」と述べている。トランプからは夕食会について何も発言はなかったが、２０２５年1月10日の記者会見で、「ジェフ・ベゾスが来た。ビル・ゲイツが来た。マーク・ザッカーバーグが来た。彼らの多くがやって来た。銀行家たちも全員来た。皆が私の許にやって来ているところだ」と発言した。トランプのカムバックを受けて、標的にされそうな、テック産業と金融業界が「トランプの軍門に下った」のだ。就任式は彼らの「降伏を示す」儀式となった。

トランプはこうした人々に対して、大統領就任式の演説の中で次のように皮肉を述べた。

Tech企業のCEOたちが勢揃いした大統領就任式(2025年1月20日)

前列左からプリシラ・チャン(ザッカーバーグ夫人)、マーク・ザッカーバーグ(META社CEO)、ローレン・サンチェス(ベゾスの婚約者)、ジェフ・ベゾス(AMAZON CEO)、サンダー・ピチャイ(Googl CEO)、イーロン・マスク(スペースX社・テスラ社CEO)

「さらに最近では、ロサンゼルスでは、何週間も前から、何の防衛策も取られずに、依然として悲惨な火災が続いているのを私たちは見ている。火事は家々や地域社会に猛威を振るい、我が国で最も裕福で最も権力のある人々にまで影響を与えている。彼らの中には今ここに座っている人たちもいる。彼らにはもう家がない。何とも愉快な話だ（That's interesting.）」（翻訳は引用者）。トランプを馬鹿にして、嘲笑っていたような大富豪たちに対して、「お前らは惨めだな、お前らのお仲間の中には家がない奴らもいるんだな」という最大限の皮肉を述べている。そして、「俺はお前らなんか助けるつもりはないからな」という宣告でもあった。

第1次トランプ政権で「官僚制の打破」と「規制の撤廃」を求めたピーター・ティール

話を元に戻す。ピーター・ティールは、2016年の選挙後から2017年の大統領就任までに、政権の骨格づくり（政権のポストの人選を行う）を行う政権移行ティーム transition team にも参加し、閣僚ではなく、実務レヴェルの人選に関与し、自分の息のかかった人物たちを各省庁に送り込んだ（『*GQ JAPAN*』誌2017年3月1日付記事「トランプ政権で高まるピーター・ティールの影響力」）。ちなみに、この記事の英語の原題は「Peter Thiel, the Shadow President（ピーター・ティール、影の大統領）」だ。この記事は、トランプ陣営にテイールが乗り込んでいって、政権の人事に関与する様子が描かれている。私が重要だと考える部分を以下に引用する。

政治専門メディアの『ポリティコ』によると、ティールとトランプとの仲を取り持ったのは現・大統領上級顧問で娘婿のジャレッド・クシュナーだ。ティールとジャレッドは、ジャレッドの弟ジョシュア・クシュナーが立ち上げた医療ベンチャーを縁に知己を得たという。この企業は、以前も紹介したオスカーヘルスのことだろう。同社にはファウンダーズ・ファンドも出資しているからだ。

（中略）

ティールの主な狙いとされているのは、科学技術の進歩を阻害する「官僚制の打破」と「規制の撤廃」だ。「原子爆弾の開発やアポロ計画のようなプロジェクトが1970年代以降に実施されなくなったのは、官僚が過度に幅をきかせるようになったからだ」というのがティールの考えなのだ。

重要な点の1つ目は、ピーター・ティールがトランプに近づくことができたのは、トランプの娘イヴァンカ・トランプ（Ivanka Trump、1981年－　43歳）の夫ジャレッド・クシュナー（Jared Kushner、1981年－　44歳）と知己を得たことがきっかけだったということだ。第1次トランプ政権ではクシュナーは大統領上級顧問を務めた。クシュナーは第1次トランプ政権前半では活発な動きを見せていたが、その後はあまり活動的ではなくなった。ティールの政権に対する影響力もそれと共に縮小していったようである。

重要な点の2つ目は、ピーター・ティールが、「科学技術の進歩を阻害する『官僚制の打破』と『規制の撤廃』」を求めて、トランプに近づき、政権内で影響力を持ったということだ。原子爆弾やアポロ計画を例に挙げて、官僚が過度に力を持つようになったために、こうした巨大なプロジェクトができなくなったと述べている。原爆開発のマンハッタン計画やアポロ計画は国家が行ったプロジェクトであり、官僚が関わるのは当然であるが、ピーター・ティールが言いたかったことは、「民間の優れた経営者の知見や技術者の経験を大事にしろ、つまり、自分やイーロン、そしてパランティア社やスペースX社を使え」ということである。

ティールのこうした考えが反映されたのが、第1次トランプ政権で、大統領直属の「アメリカ・イノヴェイション局（Office of American Innovation、OAI）」がホワイトハウスに設置されたことだ（ロイター通信2017年3月28日付記事「米連邦政府改革へ新組織設置、クシュナー氏が責任者に」）。この局長には、ジャレッド・クシュナーが就任した。このアメリカ・イノヴェイション局は特にテクノロジー分野に集中し、アップル社CEOティム・クック、マイクロソフト社創業者ビル・ゲイツ、クラウドコンピューティングのセールスフォース社 Salesforce ＣＥＯマーク・ベニオフ（Marc Benioff、１９６４年－　60歳）、そして、イーロン・マスクが協力するということになった（『ワシントン・ポスト』紙２０１７年3月26日付記事「トランプ大統領、ビジネスアイデアで政府を修正するＳＷＡＴチームのリーダーにクシュナーを起用（Trump taps Kushner to lead a SWAT team to fix government with business ideas）」）。アメリカ・イノヴェイション局は、トランプ政権の「ＩＴ近代化計画 IT Modernization Plan」を策定した。ＯＡＩはバイデン政権発足とともに解散となった。第１次政権のアメリカン・イノヴェイション局が、第２次政権では政府効率化省へと発展したと考えられる。

ピーター・ティールとイーロン・マスクが関わるデータ分析や人工知能は、原爆開発やアポロ計画に匹敵するものであり、これからアメリカ政府は、中国と対抗するためにも、力を入れていく。アメリカ政府、特に情報諜報部門と軍事部門のＤＸを進める。そのために、ティールとマスクは、トランプ政権を利用しようとしていると考えられる。

第2次ドナルド・トランプ政権の人事に影響力を持つ世界一の大富豪イーロン・マスク

イーロン・マスクは、現在のトランプの最側近という立場になった。彼は政権の人事にも口出しをするまでになった。マスクは自身が望む人物を政権の閣僚に押し込んだ。その代表例が、商務長官になったハワード・ラトニックだ。ラトニックは証券・投資銀行カンター・フィッツジェラルド社代表で、暗号通貨の熱心な信奉者である。そして何より、マスクの盟友としてよく知られた人物だ。

2024年11月19日付の『ザ・ヒル』誌の記事「トランプが商務長官に指名したハワード・ラトニックについて知っておくべきこと（What to know about Howard Lutnick, Trump's pick for commerce secretary）」で、は「イーロン・マスクをはじめとするトランプ大統領周辺の人々は先週、トランプ大統領に対し、財務長官の最有力候補であるスコット・ベセントではなく、ラトニックを選ぶよう求めた。マスクは投稿の中で、『ベセント氏は通常通りの選択だが、ハワード・ラトニック氏は実際に変化を起こすだろう』と述べた」（翻訳は引用者）と書かれている。イーロン・マスクはラトニックを財務長官に起用して欲しかったようだが、トランプはそれを受け入れずに、スコット・ベセントを財務長官に指名した。トランプとしては、何でもかんでもマスクの言いなりになっていないということを示したということであろう。

　トランプは、マスクの意向もあって、ラトニックを商務長官に起用した。しかし、この人事をマスクは気に入らなかったようだ。そして、「トランプ周辺に自分の邪魔をする人間がいる」「内部情報をマスコミにリークして邪魔をする人間がいる」と考えるようになった。マスクはトランプの側近で顧問弁護士のボリス・エプスタインと衝突を起こしている。トランプの側近たちの中に、イーロン・マスクの影響力が増大していくことに不安と不満を覚えている人物たちがいる（2024年11月18日付『ニューズウィーク』誌「トランプのアドヴァイザーであるボリス・エプスタインとは誰か？　そして、エプスタインはどうしてイーロン・マスクと衝突したのか？（Who Is Trump Adviser Boris Epshteyn, and Why Is He Clashing With Elon Musk?）」）。イーロン・マスクはエプスタインが人事に影響力を持ち過ぎていると不満を持っており、それが爆発して、エプスタインを罵（ののし）ったようだ。しかし、冷静に見てみれば、イーロン・マスクが最も大きな影響力を持っているのは間違いない。

トランプを昔から支えてきた側近グループからは嫌われるイーロン・マスク

この報道が出てから1週間後、エプスタインは、トランプ政権の人事ポストをめぐり、推薦する代わりに金銭を要求していたということで、トランプ陣営内で調査されているという報道が出た（2024年11月27日付『週刊ダイヤモンド』誌「トランプ氏側近のエプスタイン氏を調査　政権移行チーム」）。この記事には、「同氏（引用者註：エプスタイン）は「トランプ陣営に新たに加わったメンバーと舞台裏で衝突していた他、報酬を受け取ってさまざまな調整を行っていた疑いがかけられている」と書かれている。

「新たに加わったメンバー」とはイーロン・マスクのことだ。エプスタインを始めとする側近グループは、2016年大統領選挙から第1次政権、2020年での敗北、2024年での復活まで、苦労を重ねてきたという思いがある。トランプの返り咲きを実現させたのは自分たちだという自負がある。イーロン・マスクが選挙戦の最終盤になって入ってきて、トランプの家族同様の扱いを受け、影響力を行使しているのは気に入らないということになるのは当然のことだ。そのような負の感情は当然、マスクにも伝わる。マスクにとっては、陣営内の古株が自分の邪魔をしているということになる。このエプスタインに対する疑惑と調査はマスクが仕掛けたもので、陣営内の権力争いだ。そして、マスクが主導権を握ることに成功した。マスクは第2次トランプ政権で、政府効率化省を率いることになり、トランプの最側近として大きな力を振るうことになる。

トランプ陣営でもう1つの「内紛 internal（インターナル） conflict（コンフリクト）」が起きた。スティーヴン・バノンがマスクを「真の邪悪（じゃあく）な人物」と呼び、「就任式までに追い出す」と発言し、注目を浴びた（テレビ朝日ニュース2025年1月14日付記事「『マスク氏を就任式までに追放』トランプ氏元側近バノン氏が批判　新旧側近が内輪もめ」）。スティーヴン・バノン（Stephen Bannon、1953年－　71歳）は、2016年の大統領選挙でトランプ勝利に貢献し、第1次政権で大統領首席戦略官（White House Chief Strategist）を務めた（在任は2016年1月から8月）。バノンはトランプ大統領と仲違いしたと伝えられているが、関係は修復されているとも言われている。しかし、バノンは第2次トランプ政権に関わってはおらず、実質的な力はない。

しかし、スティーヴン・バノンは政治的嗅覚（きゅうかく）に秀でた人物であり、第2次トランプ政権がイーロン・マスクによって「利用」され、「変質」させられるということを見抜いているのだろう。トランプ政権は「ポピュリズム Populism」政権である。ポピュリズムは、人気取りやバラマキ政治のことではない。副島隆彦は『世界覇権国アメリカを動かす政治家と知識人たち』（講談社＋α文庫、1999年）で次のように書いている。

アメリカでは、代議制・議会制を基本とする民主政体に対して民衆が不満と不信感にかられたとき、激しい直接行動に打って出ようという雰囲気になることがあるが、これを〝ポピュリズム〟Populism（民衆主義）の伝統と呼ぶ。特権化した議員たちに対する不信感を露（あらわ）にして、自分たちの代表を直接中央政界に送ろうとする。右左いろいろな型のポピュリズムがあるとされるが、主に保守的な白人中産階級の庶民たちによる反議会の民衆運動であることが多い。

これが吹き荒れることを、議会政治家やメディア言論人たちはたいへん憂慮する。そこには一種のアナーキー anarchy 、すなわち「無秩序＝秩序破壊」的なムードが大きく漂い、民主政体 democracy そのものの危機だと感じられる。

（『世界覇権国アメリカを動かす政治家と知識人たち』129-130ページ）

この記述はまさに現在のアメリカをそのまま表現している。注目して欲しいのは、この本が1999年に書かれていたということだ。ポピュリズムは、アメリカ政治に脈々と流れる大きな流れであり、その流れがトランプ大統領を生み出した。トランプを押し上げたのは、人々の不満と不信感と怒りである。トランプ政権はポピュリズム政権だ。そのことをスティーヴン・バノンは分かっている。それなのに、このポピュリズム政権とポピュリズムを裏切って、世界一の大富豪であるイーロン・マスクと、その兄貴分であるピーター・ティールが自己利益のために利用しようとしているという点を「邪悪」と呼んだのだろう。

トランプ陣営内では不満が残るようだが、トランプ一族に深く食い込み、何よりも資金面でトランプに貢献したイーロン・マスクの力は大きい。私たちの日常生活レヴェルから国際関係レヴェルまで何事もそうだが、お金を出した人が一番強い。マスクは昨年8月以降に、トランプ政権に100億円以上の資金を提供したわけだが、マスクの資産から考えれば、「安い買い物」ということになる。

イーロン・マスクは現在、世界一の大富豪でもある。2024年12月12日付読売新聞の記事「人類初の個人資産68兆円…イーロン・マスク氏、1か月余りで28兆円増加」によれば、イーロン・マスクの総資産額は4470億ドル（約68兆円）で、個人資産額が4000億ドルを超えるのは史上初ということだ。注目すべきなのは、トランプの大統領選挙当選直後からの約1カ月で1800億ドル（約28兆円）も増加したという点だ。トランプ当選以来、マスクが所有し経営する電気自動車メーカーであるテスラの株価が7割も上がったことが、マスクの資産急増につながったと指摘されている。この記事の中で重要なのは以下の部分だ。

マスク氏が率いる宇宙開発企業のスペースＸやＡＩ（人工知能）開発企業「ｘＡＩ」の企業評価額が上昇したことも資産増につながった。マスク氏は次期政権で新設される「政府効率化省」のトップに指名されており、自動運転やＡＩなどの分野で規制緩和の恩恵が受けられるとの見方が株高につながっている

イーロン・マスクと言うと、テスラ社の電気自動車が目立つ。日本でもテスラ社の電気自動車が走っているのを見かけるようになっているので、テスラ社については、少しずつ身近になってきている。しかし、マスクにとって重要なのは宇宙開発企業のスペースＸ社である。それは、イーロン・マスク率いるスペースＸ社と、ピーター・ティール率いるパランティア社が、これまでの戦闘機や戦車などを製造する重厚長大な兵器産業と国防総省による古い軍産複合体から、自分たちが作り上げる新・軍産複合体へと主導権を奪おうとしているからだ。

2010年代から進んでいたティールとマスクの「新・軍産複合体」づくりの動き

私は拙著『悪魔のサイバー戦争をバイデン政権が始める』（秀和システム、２０２１年）と『バイデンを操る者たちがアメリカ帝国を崩壊させる』（徳間書店、２０２３年）で、アメリカの「新・軍産複合体づくり」が進むと書いた。それを推進するのが、ウエストエグゼク・アドヴァイザーズ社だと指摘した。このウエストエグゼク社を率いているのが、ミッシェル・フロノイ（Michèle Flournoy、１９６０年－　65歳）という人物だ。フロノイは民主党系の軍事専門家であり、バラク・オバマ政権で国防総省序列第３位の政策担当国防次官Under Secretary of Defense for Policyを務めた（在任：２００９－２０１２年）。女性初の国防長官候補として、バイデン政権発足時にも名前が挙がったほどだ。ウエストエグゼク社は、第２次バラク・オバマ政権終了後の２０２１年にアントニー・ブリンケン（Antony Blinken、１９６２年－　62歳）前国務長官とフロノイが共同で創設した。ブリンケンはオバマ政権で、国家安全保障問題担当大統領次席補佐官と国務副長官を務めた。ウエストエグゼク社は、コンサルティング会社として、国家機関と民間企業をつなぐ役割を果たしており、特に、国防総省や情報・諜報機関とシリコンヴァレーのテック産業の各企業を積極的につないでいた。

ウエストエグゼグ社には、オバマ政権の出身人物たちが多くコンサルタントとして参加した。そして、ジョー・バイデン政権が発足すると、政権の高官として入閣して注目を浴びた。

その代表格がアヴリル・ヘインズ（Avril Haines、1969年‐ 55歳）だ。ヘインズは、オバマ政権で、CIA副長官と国家安全保障問題担当大統領次席補佐官を務め、バイデン政権では国家情報長官を務めた。ウエストエグゼク社在籍時、ヘインズ前国家情報長官はパランティア社の担当を務めていた。ヘインズは18万ドルのコンサルタント料を受け取り、パランティア社がアメリカ移民・関税執行局 U.S. Immigration and Customs Enforcement（イミグレイション アンド カスタムズ エンフォースメント）、ICEとの契約締結を支援した（『ポリティコ』誌2021年1月1日付記事「ジャネット・イエレン、ウォール街や企業での講演で数百万ドルを稼ぐ（Janet Yellen made millions in Wall Street, corporate speeches）」）。パランティア社は国防総省やCIAなどとも巨額の契約を結び、関係を築いていった。この動きが「新・軍産複合体」づくりだ。

ピーター・ティールのパランティア社が、自分が支援して成立させた第1次トランプ政権下で、民主党系のコンサルティング会社を使ってアメリカ政府との契約を結ぶというのは奇妙な行動だ。ティールは、第1次トランプ政権に対しては大きな影響力を持っていた。「影の大統領」とまで揶揄されたほどだが、民主党系のウエストエグゼク社の顧客となっている。そして、ティールのパランティア社を担当したアヴリル・ヘインズがバイデン政権で国家情報長官になった。ピーター・ティールは目立たず、民主党側ともある程度の関係を維持するという慎重な動きを見せている。これから先のことはまだ誰にも分からないが、民主党側が

新・軍産複合体作りは2010年代に始まった

ミッシェル・フロノイ
ウエスト・エグゼス・アドヴァイザーズ社・共同創立者
元・国防次官(政策担当)(2009－12年)

アヴリル・ヘインズ
元・安全保障問題担当大統領次席補佐官(2015－17年)、前・国家情報長官(2019－25年)、元ウエスト・エグゼス・アドヴァイザーズ社部長(当時、パランティア社担当)

ピーター・ティール
パランティア社会長
ファウンダーズファンド社社長
ペイパル社、オープンＡＩ社、パランティア社、ファウンダーズファンド社共同創立者

連邦議会の過半数を奪還したり、大統領を出したりということも考えられる。その時に備えて、民主党側とも関係を維持するのは堅実な動き方である。

選挙後に「トランプ銘柄」と目されたパランティア社、スペースX社、アンドゥリル社の株価が高騰

トランプが大統領選挙に当選してから、ピーター・ティールのパランティア社、イーロン・マスクのテスラ社の株価は高騰している。ピーター・ティールの資産額は推計で153億ドル（約2兆3000億円）である。前述したように、イーロン・マスクは人類史上初、資産が4000億ドルを超えた。2人は、トランプの大統領選挙当選後に資産を急増させている。それは、彼らが所有するパランティア社とテスラ社、スペースX社の株価が急騰したからだ。

2024年11月20日付『フィナンシャル・タイムズ』紙の記事「パランティア社が国防費増加に賭ける投資家たちの『トランプ・トレード（トランプ関連株）』になる（Palantir becomes a 'Trump trade' as investors bet on higher defence spending）」は非常に重要である。この記事では、パランティア社、テスラ社、スペースX社が「トランプ関連株」として株価

が急騰していること、そして、投資家たちがこれらの企業の株に投資しているのは、国防費増額がこれらの企業の契約に回ってくると考えていると指摘されている。関連して、以下に重要な部分を引用する。

　アメリカ政府はパランティア社にとっての最大の顧客となっている。ＣＩＡやアメリカ国家安全保障局 National Security Agency から軍隊や警察に至るまで、テロリストの追跡、ハッカーの阻止、不法移民の強制送還、金融詐欺師の告発のため、パランティア社のシステムを導入している。パランティア社のテクノロジーは、アルカイダの指導者オサマ・ビンラディンの殺害、新型コロナウイルスワクチンの配布、金融業者バーナード・マドフの有罪判決に使われた。

　投資家たちは、パランティア社がトランプ政権下で政府の国防支出が増加した場合に有利な立場にあることに賭けている。

　パランティア社は２０２４年５月、国防総省の主要ＡＩ戦場情報プログラム「プロジェクト・メイヴン Project Maven 」を拡張するため、４億８０００万ドル規模の５年契約を獲得し、そのデータ処理を利用して軍事上の要点を特定し、アナリストたちの効率を向上させた。

パランティア社に投資しているフォルテ・キャピタル・グループ社のロジャー・モンテフォルテ最高経営責任者（CEO）は、「トランプは、特にイスラエルとウクライナにおいて、任務を遂行する人物になるだろう。パランティア社は極めて重要なプレーヤーになるだろう」と述べている。

モンテフォルテは、パランティア社はイーロン・マスクの電気自動車メーカーであるテスラやパルマー・ラッキーの自律型兵器 autonomous（オートノマス） weapons のスタートアップ企業アンドゥリル社 Anduril と並んで、「トランプ取引（トランプ関連株）」の「三人組 trifecta（トライフェクタ）」（新政権に近いことで利益を得られる銘柄［stocks that stand to gain from their proximity（プロクシミティ） to the new administration］）の1つであると付け加えた。アンドゥリル社は流通市場取引（secondary market trading）で株価が急騰した民間企業である。

トランプ次期大統領は連邦政府の支出を抑制すると宣言しているが、マスクは防衛費をこれまでの防衛元請請負企業（traditional（トラディショナル） defence（ディフェンス） prime（プライム） contractors（コントラクターズ））ではなく「起業家企業（entrepreneurial（アントレプレニアル） companies（カンパニーズ））」により配分すべきだと述べている。

（翻訳は引用者）

パランティア社は2010年代からすでに国防総省やCIAとの間で契約を結び、「テロ

ピーター・ティールのパランティア社と、パルマー・ラッキーのアンドゥリル社、それにイーロン・マスクのスペースX社、この3社を中心に国防予算の大部分を獲得する

ピーター・ティール

パルマー・ラッキー

イーロン・マスク

リストの追跡、ハッカーの阻止、不法移民の強制送還、金融詐欺師の告発のため、パランティア社のシステムを導入している。パランティア社のテクノロジーは、アルカイダの指導者オサマ・ビンラディンの殺害、新型コロナウイルスワクチンの配布、金融業者バーナード・マドフの有罪判決」にまでかかわったと記事には書かれている。バーナード・マドフ（Bernard Madoff、１９３８－２０２１年、82歳で死）は、ＮＡＳＤＡＱ元会長、バーナード・Ｌ・マドフ・インヴェストメント・セキュリティーズ社の創業者で、10％以上の高利回りをうたい文句にして顧客から資金を集めていたが、それが史上最大規模の「ねずみ講 Ponzi scheme」であった。被害額は約６４８億ドル（約10兆円）に上る。40年以上にわたる、膨大な不正な取引記録のデータ解析にパランティア社の技術が使われたということだ。マドフ事件については、拙訳『バーナード・マドフ事件 アメリカ巨大金融詐欺の全容』（アダム・レポー著、副島隆彦監訳、成甲書房、２０１０年）に詳しい。

『*COVCONWIRE*』誌２０２４年２月21日付記事「機密契約はスペースＸ社とアメリカ国家安全保障各機関との関係深化を裏付ける（Classified Contracts Underscore SpaceX's Deepening Ties With US National Security Agencies）」によると、イーロン・マスク率いるスペースＸ社はアメリカ政府の安全保障関連の各機関と２０２１年だけで18億ドル（約３０００億円）の契約を結んでいる。また、アメリカ航空宇宙局（National Aeronautics and

Space Administration、NASA）とも巨額の契約を結んでいる。

加えて、イーロン・マスクが「防衛費をこれまでの防衛元請請負企業ではなく『起業家企業』により配分すべきだと述べている」という一文が極めて重要だ。イーロン・マスクは第2次世界大戦後のアメリカに出現した軍産複合体を解体し、これまで政府との契約を独占してきた重厚長大のこれまでの軍需産業から、自分たち最先端のテック企業を重視せよと述べている。つまり、「俺たちにもっと金を回せ、そして仕事をさせろ」ということである。

イーロン・マスクが「政府効率化省」を率いることはここで重大な意味を持つ。「政府の効率化」の大義名分の下で、国防予算にメスを入れることが可能であり、アメリカ軍や国防総省と軍需産業との契約を見直す権限を持つ。「戦車や戦闘機は無駄だ」「これからは宇宙開発やデータ分析だ」ということで、契約のカットを進めるだろう。実際、政府効率化省は、軍事予算についても調査している（『BBC NEWS JAPAN』2025年2月10日付記事「トランプ氏、米政府機関の一部閉鎖進めるマスク氏を擁護　軍事費支出も点検と」）。

これについては、巨大軍需産業企業や政治家たちが抵抗するだろうが、マスクはトランプの意向を使って、一部は妥協しながら、アメリカ政府各機関とパランティア社やスペースX社との間の契約を増やすことが考えられる。「トランプ関連株」の株価急騰は投資家たちがこのように先を読んでの投資を行っていることを示している。

パルマー・ラッキーという聞き慣れない起業家の名前が出てきたが重要な存在になるようだ

前項で引用したフィナンシャル・タイムズの記事には、パルマー・ラッキー（Palmer Luckey、1992年−　33歳）とアンドゥリル社という聞き慣れない名前が出てきている。ラッキーとアンドゥリル社については、『*Forbes JAPAN*』誌2022年6月24日付記事「シリコンバレーと決別した天才起業家、パルマー・ラッキーの現在」に詳しい。

パルマー・ラッキーは、ピーター・ティールやイーロン・マスクと比べて非常に若い起業家だ。なんと1992年生まれだ。それで、ティールやマスクと肩を並べて名前が出ている。ゲーム開発やVR（ヴァーチャル・リアリティ）開発の分野で10代から頭角を現し、「VRの神童 whiz kid（ウィズ キッド）」と呼ばれた。VRとはコンピュータで生成した仮想空間を現実のように疑似（ぎ じ）体験できる仕組みだ。ゲームで使われるが、軍隊の訓練（戦闘機の操縦訓練やパラシュートの降下訓練など）にも使われる。ラッキーは16歳で、頭に装着するVRのヘッドセットを自作していたということだ。

早熟の天才という点では、ラッキーはマイクロソフト社を創業したビル・ゲイツを彷彿とさせる。2012年に「オキュラスVR Oculus VR」というVR装備の開発を行う企業を創業した。この時、ラッキーは弱冠19歳だった。2014年にこの「オキュラスVR」が、フェイスブック社に20億ドル（約3000億円）で買収された。この買収によって、ラッキーは21歳で7億ドル（約1100億円）を手にしたと推定されている。

2016年の大統領選挙で、ドナルド・トランプを支持したことで、所属していたフェイスブックを解雇されてしまった。彼はトランプの対抗馬ヒラリー・クリントンを嘲笑する看板「刑務所に入れるにはビッグ過ぎる Too Big To Jail（トゥ ビッグ トゥ ジェイル）」を出したトランプ支持の団体に1万ドルを寄付していたことをフェイスブックに知られ、問題視され、最終的にクビにされた。これで、ラッキーはトランプ支持の覚悟が固まったようだ。記事によると、フェイスブック在籍時に、「軍事関連のスタートアップのアイデアを思いついたラッキーは、取締役のピーター・ティールと、国防総省の最大の弱点がソフトウェアであるという意見で意気投合したという」ことだ。

フェイスブック社を解雇された後、2017年にパルマー・ラッキーが創設したのがアンドゥリル社だ。アンドゥリル社創業には、パランティア社が協力している。また、ピーター・ティールのファウンダーズ・ファンドとヴェンチャー・キャピタリスト時代のJ・D・ヴァンス副大統領が資金提供している。アンドゥリル社は軍需産業のスタートアップ企業であり、戦闘機、ヘリコプターなどで発射可能な空中発射体である「アルティウス Altius 」など複数の無人機器、指揮系統システムであるＣ４Ｉシステム（Ｃ Quadruple I system. Command Control Communication Computer Intelligence system ）を開発している。２０２４年1月にはアメリカ空軍と戦闘機開発契約を締結した。アンドゥリル社について、前述した記事から重要な部分を引用する。

同社（引用者註：アンドゥリル社）は今年1月には、米特殊作戦司令部のドローン防衛を担当する契約を獲得し、10年間で10億ドル近い収益を見込んでいる。さらに大きなチャンスと呼べるのは、国防総省が導入を検討中の、すべての監視システムと兵器システムを統合して戦場を一望するためのシステムだ。このプログラムはＪＡＤＣ２（Joint All Domain Command and Control ）と呼ばれ、パランティアやシースリー・エーアイＣ３ａｉなどの大手が数百億ドル規模の受注を争っている。

アンドゥリルは、同社のＡＩシステムがそれを成し遂げられると考えている。２０２０年に行われた空軍の試験で、同社のＡＩは飛来する巡航ミサイルを検知し、Ｆ－16やパラディン榴弾砲(りゅうだんほう)など複数の兵器システムに標的データを自動的に送って、ミサイルを破壊することに成功した。驚くべきことに、このシステムはたった1人の飛行士でそのミッションを成功させた。

アンドゥリル社はアメリカ軍とドローン開発で大規模な契約を結び、さらに、戦闘機の開発にも乗り出している。また、データ解析なども行っているようだ。パランティア社やスペースX社は「露骨な」軍需産業企業ではない。しかし、両社の技術は軍事に使われている。そして、さらに国防総省とアメリカ軍との関係を深めようとしている。

パランティア・テクノロジーズとアンドゥリル社が主導する企業コンソーシアム

イーロン・マスクは、「防衛費をこれまでの『防衛元請請負企業』ではなく『起業家企業』により配分すべきだと述べている」と前掲のフィナンシャル・タイムズは報じている。繰り返しになるが、マスクは、「国防費はこれから俺たちに回せ」と述べたということになる。「俺たちに国防費を回せ」に向けた動きはすでに始まっている。

2025年、ピーター・ティールが会長を務めるパランティア社と、パルマー・ラッキー率いるアンドゥリル社が、トランプ政権発足と共に露骨な動きを始めた。この動きはすでに昨年（２０２４年）12月に報じられていた。フィナンシャル・タイムズ２０２４年12月23日付記事「パランティア社とアンドゥリル社がアメリカ国防総省との契約獲得に向けテック企業のグループと協力関係を築く（Palantir and Anduril join forces with tech groups to bid for Pentagon contracts）」に詳しく書かれている。この記事の副題は「コンソーシアムにはイーロン・マスクのスペースX社も参加し、アメリカの国防予算８５００億ドル（約１２５兆５０００億円）のより大きなスライスを獲得しようとする動きがあるようだ（Consortium likely to include Elon Musk's SpaceX in move to grab a bigger slice of $850bn US defence budget）」である。コンソーシアムは、「協会、組合、共同体、合弁会社」という意味だ。ピーター・ティール、パルマー・ラッキー、イーロン・マスクが勢ぞろいするコンソーシアム、企業協力グループが２０２５年1月に発足するという内容の記事だ。以下に重要な部分を引用する。

アメリカ最大の防衛テクノロジー企業2社であるパランティア社とアンドゥリル社は、アメリカ政府の「元請」請負業者の寡占状態を打破するため、アメリカ政府の仕事を共同で入札するコンソーシアムを結成することを目指し、約10社の競合他社と交渉中である。

このコンソーシアムは、早ければ1月にも複数のテック企業グループと合意に達したと発表する予定だ。この件に詳しい複数の関係者によると、参加交渉中の企業には、イーロン・マスクのスペースX社、チャットGPT ChatGPT メーカーのオープンAI社 OpenAI、自律造船会社 autonomous ship builder のサロニック社 Saronic 、人工知能データグループのスケールAI社 Scale AI などが含まれるということだ。

（中略）

この動きは、テック企業がロッキード・マーティン社、レイセオン社、ボーイング社といった伝統的な元請請負企業から、アメリカ政府の莫大な防衛予算8500億ドル（約125兆5000億円）のより大きなスライスを奪おうとしていることに起因する。

（中略）

ウクライナや中東での戦争、米中間の地政学的緊張は、軍事目的に使用できる高度なAI製品を開発するハイテク企業へのアメリカ政府の依存度を高め、この分野への投資家を後押ししている。

アメリカの国防調達は、ロッキード・マーティン社、レイセオン社、ボーイング社といった数十年の歴史を持つ少数の元請請負企業に有利で、時間がかかり、反競争的だと長い間批判されてきた。これらの巨大コングロマリットは通常、コストが高く、設計と製造に何年もかかる艦船、戦車、航空機を製造している。

シリコンヴァレーの急成長する防衛産業は、小型で安価な自律型兵器の生産を優先してきた。シリコンヴァレーの防衛産業は現代の紛争においてアメリカ同盟諸国をよりよく守ることができると主張している。

（中略）

クラウドベースのデータ処理を提供するパランティア社の「ＡＩプラットフォームAI Platform」は今月、アンドゥリル社の自律型ソフトウェア「ラティス Lattice」と統合され、国家安全保障目的のＡＩを提供した。

同様に、アンドゥリル社はドローン防衛システムとオープンＡＩ社の高度なＡＩモデルを組み合わせ、「空中からの脅威 aerial threats（エアリアル）」に関連するアメリカ政府との契約に共同で取り組んだ。

このパートナーシップに関するアンドゥリル社とオープンＡＩ社の共同声明は、「アメリカ国防総省と情報機関が、世界で利用可能な最も先進的で効果的かつ安全なＡＩ駆動技術を利用できるようにすることを目指す」と述べている。（翻訳は引用者）

専門用語が多くて理解するのが大変だが、テック産業の企業10社が協力グループを結成して、アメリカ政府からの仕事を請け負うための入札に協力して対応するということだ。それをピーター・ティールのパランティア社とパルマー・ラッキーのアンドゥリル社が主導し、そこに、イーロン・マスクのスペースX社、チャットGPTメーカーで有名なオープンＡＩ社、自律造船会社、つまり水上ドローンを作っているサロニック社、人工知能データ企業のスケールＡＩ社などが参加するということだ。

そして、その目的が重厚長大の伝統的な軍需産業の巨大企業と争って、国防予算を分捕るためというものだ。軍事技術にデータ分析やＡＩ、ドローンが活用されてすでに久しい。国家が一番とりっぱぐれのない契約相手である。テック産業の各企業は政府との契約で成長しながら、技術開発を進める。それは、彼らの目が中国に向かっているからだ。中国もすでに、データ分析、ＡＩ、ドローンなどの国家的なプロジェクトに多額の資金を投じている。これは、一種の「軍拡競争 arms race（アームズ レイス）」なのである。「ＡＩが開く明るい未来」というような表面的な話ではない。もっと深刻な話なのである。

２０２２年2月から始まったウクライナ戦争では、パランティア社、アンドゥリル社、スペースX社の技術が実戦で試されている。実戦でのデータこそは最高のデータであり、それがフィードバックされて、これからの改善や新規の研究開発に利用される。ドローン、センサー、ＡＩが利用されている（『*The Economist*』誌２０２３年2月16日付記事「ＡＩを駆使するテクノロジー各社が現代の戦争に新たな形態を与えている（AI-wielding tech firms are giving a new shape to modern warfare)」)。戦争開始当初、スペースX社がウクライナに衛星通信サービス(インターネット接続)の「スターリンク Starlink 」を提供したことは記憶に新しい。

21世紀の軍拡競争によってティールとマスクは莫大な利益を得る

この章では、ピーター・ティールとイーロン・マスクのドナルド・トランプ政権への影響力について見てきた。2人はアメリカ生まれではないという共通点を持つ。彼らは、連邦議員や閣僚にはなれるが、アメリカ大統領(アメリカ生まれが条件)になることができない。そのために「影の大統領 shadow president(シャドウ プレジデント)」と呼ばれるような影響力を金の力で手に入れた。彼らはトランプ大統領との距離の近さと影響力を利用して、アメリカ政府の各機関と自分たちの会社であるパランティア社とスペースX社との契約を増やし、国防予算を利用して、さらに肥え太ろうとしている。そして、これは「新・軍産複合体」づくりでもある。重厚長大の伝統的な軍需産業の巨大企業を主役の座から追い落とし、AIとデータ分析のテック産業の企業、自分たちが主役の座に就こうということだ。そして、これは中国との技術開発競争、端的に言えば軍拡競争を招くことになる。この軍拡競争を憂慮していたのは、亡くなったヘンリー・キッシンジャー（Henry Kissinger、1923-2023年、100歳で没）である。このことについては、第5章で詳しく見ていく。

第2章

第2次ドナルド・トランプ政権は「アメリカ・ファースト」政権となる

忠誠心の高い人物で固めた閣僚人事

第2次トランプ政権の閣僚人事は昨年の大統領選挙直後から発表され、人々を驚かせるものだった。政府効率化省（Department of Government Efficiency、DOGE）を創設し、イーロン・マスクと起業家のヴィヴェック・ラマスワミ（Vivek Ganapathy Ramaswamy、1985年－　39歳）の責任者起用（ラマスワミは後にオハイオ州知事選挙立候補のために参加しないと発表された）、民主党離党組のロバート・F・ケネディ・ジュニア（Robert F. Kennedy Jr.、1954年－　70歳）の保健福祉長官起用とトゥルシー・ギャバード（Tulsi Gabbard、1981年－　43歳）の国家情報長官起用などは、予想外だった。アメリカの閣僚人事は、連邦上院の人事承認（過半数の賛成）が必要である。連邦上院の100議席のうち、共和党が53議席で過半数を握っているので、簡単に人事承認されると思われがちだが、アメリカには日本のような党議拘束はなく、人物によっては共和党からも反対が出ることも考えられるため予断を許さないが、第2次トランプ政権はスタートした。大統領令executive orderを次々と発し、スタートダッシュをかけている。

第2次トランプ政権には、第1次政権時の重要閣僚を務めた人物たちは誰も入っていない。彼らの多くは第1次政権終了直前から、トランプに対して批判的な言動を取るようになり、敵対関係となった。その代表格はマイク・ペンス（Mike Pence、1959年-　65歳）元副大統領だ。こうした人々は、トランプの返り咲きによって大恥をかいて、発言力を失った。その代わりに、第1次政権時に実務を担い、その後もトランプに忠誠心を持ち続けた人物たちが第2次政権に入っている。

出身や職歴などのバックグラウンドで見ると、フロリダ州人脈、ウォール街出身者、大統領選挙功労者、民主党離党組、アメリカ・ファースト政策研究所出身者、フォックス・ニューズ出身者に分類される（『読売新聞』紙2024年11月28日付記事「腹心結集のトランプ人事、個人的報復に向け「忠誠心」重視で一本釣り…歯止め利かなくなる恐れも」）。これらに加えて、トランプを支え続けた、忠誠心の高いグループも存在する。この人々はヘリテージ財団Heritage Foundationに参加したり、第2次トランプ政権の政権構想「プロジェクト2025 Project 2025」に参加していた。ここからは、主要閣僚について解説をしていく。なお、外交関係の閣僚については第4章で見ていく。

「アメリカ・ファースト」は「アメリカ国内優先」という意味であることを繰り返し強調する

２０２５年1月20日の大統領就任式の演説で、トランプは、「トランプ政権の日々において、非常に単純に言えば、私はアメリカを最優先する（During every single day of the Trump administration, I will, very simply, put America first.）。私たちの主権 sovereignty（ソヴランティ）は取り戻される。私たちの安全は回復される。正義の天秤 scales of justice（スケールズ オブ ジャスティス）は再び均衡を保つ rebalanced（リバランスド）ことになる。司法省と政府の、悪質で暴力的かつ不当な武器化は終わりを告げる。そして私たちの最優先事項は、誇り高く、豊かで、自由な国を作ることだ」（翻訳は引用者）と述べた。「アメリカ・ファースト」が含まれる文は、「アメリカを最優先にする」と訳すべきだ。そして、この「アメリカ」は、アメリカ国民のことを指す。トランプ大統領は「自分はアメリカ国民のことを最優先にする」と述べたのだ。

私が以前に出した、『悪魔のサイバー戦争をバイデン政権が始める』の中で、「アメリカ・ファースト」は、「アメリカ国民の生活が第一」と訳すべきだと書いた。当時の民主党を離党した小沢一郎（おざわいちろう）（１９４２年－　82歳）を中心とするグループが２０１２年に結党した「国民の生活が第一 People's Life First 」はその当時、奇異な名前の政党という捉えられ方をしたが、今の時代であれば、すんなりと受け入れられていたことだろう。

トランプが2016年に大統領選挙に当選した時期に、日本では「アメリカ・ファースト」を「アメリカが何でも一番だ」と誤って訳して、実態を分からなくしたことがあった。しかし、「アメリカ・ファースト」が日本でも盛んに聞かれるようになって、そのように訳すことは間違っているという認識が広まっていった。「〜ファースト」という言葉が使われるようになり、「アスリート・ファースト」であれば、「アスリート（運動選手）のことを最優先で考える（競技環境や報酬を改善する）」という意味で使われるようになった。

この「アメリカ・ファースト」は、「アメリカのことが最優先で、海外のことは構っていられない」という意味でもある。これがトランプ政権の対外政策の基本となる。従って、「他の国々や地域が抱える問題にまで私たち（アメリカ）が助けることはしない」「アメリカの価値観をわざわざ海外にまで広めに行くことはない」ということになる。アメリカに直接的な脅威が迫っていないのであれば問題に関わらないということだ。

このような外交姿勢、考え方を「アイソレイショニズム Isolationism」という。この言葉を「孤立主義」と訳すのも間違いだ。アメリカが「孤立」して「隠者（いんじゃ） hermit（ハーミット） の国」になることはない。貿易や国際協力（最低限のお付き合い）は行うが、それ以上のことはしないし、できないということだ。もちろん、アメリカに直接的な脅威が迫っている場合には対処する。トランプ政権では、不法移民の流入をその直接的な脅威と考えている。国境管理が甘いために、不法移民、違法薬物、犯罪グループが入ってくるのだから、それに対処するということになる。

「アメリカ・ファースト」と「アイソレイショニズム」は対（つい）をなす言葉だ。「アメリカ国内の諸問題への対処を優先すると、外国のことには手が回らない（外国が直接的な脅威を与えるならば対処する）」ということで、これらを徹底することで、「アメリカを再び偉大に Make America Great Again 」できるということになる。

「常識」が基本になるトランプ政権が「社会を作り変える」政策を転換する

トランプは大統領就任式の演説の中で、「本日、私は一連の歴史的な大統領令に署名する。これらの行動により、私たちはアメリカの完全な回復 complete restoration（コンプリート レストレイション）と常識の革命 revolution of common sense（レボリューション オブ コモン センス）を開始する。すべては常識のためだ」（翻訳は引用者）と述べた。トランプは選挙運動でもこの「常識」という言葉を度々使っている。トランプ政権の政策の基本は常識である。そして、この常識とは誰の常識かと言えば、トランプを支持している有権者の常識である。トランプとトランプの支持者たちは、現状の政治や社会が常識で動いていない、リベラル派による過激な動きが続いているということを危惧しており、それを変えるために「革命」を起こすということを述べている。

関連して、演説の中に次のような文言がある。それは、「今週、私はまた、人種 race と性別 gender を、公共生活と私的な生活のすべての局面で、社会的に作り変えよう socially engineer と試みる政府の政策を終わらせる」（翻訳は引用者）というものだ。「social engineer」という言葉は非常に重要だ。日本語では「社会工学」という。「社会工学」という言葉は非常に恐ろしい言葉だ。副島隆彦は「文明化外科手術」と訳している。副島隆彦著『属国日本論を超えて』（五月書房、2002年）で以下のように書いている。

> 病気を治すことは、個体（個人）に対してだけ行われるのではない。ひとつの民族に対しても行われるのだ。だから日本民族という生来、凶暴で勇猛な民族に対しても、この「病気治療」は施されて、今の私たちに絶対平和愛好・人権平等主義が徹底的に刷り込まれた。それが社会生物学だ。
>
> （中略）
>
> 敗戦直後に日本に上陸したアメリカのニューディーラー（初期グローバリスト）たちは、社会工学と、強制的民主化（democratization）によって、戦後の日本人を人種改

良した。

（中略）

これは「社会工学」と同じ事だ。近代学問（モダン・サイエンス）とは、そもそもそういうものだということを、私たちは、理解した方がいい。ソシアル・エンジニアリング（社会工学）とは、ある民族全体に対して施される「文明化外科手術」のことなのである。（54ページ）

太平洋戦争の敗北後、日本を占領したアメリカは日本が二度と歯向かわないように、日本国民を「改造」するために3D政策が進められた。3D政策とは、非武装化 Demilitarization（ディミリタライゼイション）、非中央集権化 Decentralization（ディセントラライゼイション）、民主化 Democratization（デモクラタイゼイション）であり、日本人の持つ価値観を大きく変える戦後改革が実施された。「アメリカが日本に文明化外科手術（社会工学）を行った」ということになる。

トランプが演説の中で、アメリカ政府が政策によって、人種と性別について、「社会的に（ソーシャリー）作り変え（エンジニア）よう」としてきたがそれを止めると述べている。そのために「常識の革命」が必要となる。バイデン政権は、「多様性、公平性、包括性（DEI）を推進してきた。その中で有権者の多くが「それは行き過ぎではないか」「まだ受け入れられない」と思われることもあった。同性婚についても議論がなされている。その議論が時間を経て深まり、一定の方向性が見えて政策に反映されるならば良い。逆に政策によって、人々の価値観や考えを政府や権力が「作り変えよう」というのは恐ろしいことだ。アメリカ政府がアメリカ国民に「文明化外科手術」を施すということはあってはならないことだ（外国に対しても同様だ）。

40歳で副大統領になったJ・D・ヴァンスはトランプの「後継者」

２０２４年の大統領選挙で、トランプの副大統領候補に選ばれたのがJ・D・ヴァンス（J.D. Vance、１９８４年－　40歳）だ。ヴァンスは、大統領選挙で激戦州となっているオハイオ州選出連邦上院議員を務めた（２０２３年から）。トランプの副大統領候補には、ヴァンスの他に、エリス・ステファニック（Elise Stefanik、１９８４年－　40歳）前連邦下院議員（ニューヨーク州選出　在任：２０１５－２０２５年）、アフリカ系アメリカ人のティム・スコット（Tim Scott、１９６５年－　59歳）連邦上院議員（サウスカロライナ州選出　在任：２０１３年－　）、ダグ・バーガム（Doug Burgum、１９５６年－　68歳）前ノースダコタ州知事の名前が挙がっていた（『ザ・ヒル』誌２０２４年5月24日付記事「トランプの副大統領候補最終リストは『（第1次政権の副大統領となった）ペンスにならない』忠誠心によってランク付けされている（Trump's VP shortlist, ranked by 'Pence-proof loyalty'）」）。ヴァンス以外の、ステファニックは閣僚級の米国連大使（United States ambassador to the United Nations）、ダグ・バーガムは内務長官 Secretary of Interior にそれぞれ起用された。ティム・スコットは上院議員の中でも特にトランプへの忠誠心が高い、親トランプ派の中心人物として知られている。結果として、トランプは、大統領選挙にとって重要な激戦州オハイオ州出身のヴァンスを副大統領に選んだ。

五大湖周辺州の激戦州は、「ラストベルト Rust Belt」と呼ばれている。ラストベルトとは、アメリカの自動車製造、鉄鋼などの製造業を支えたが、現在は産業空洞化が進行している地域だ。ヴァンスはそうした貧しくなった白人労働者たちの仲間であり、代表である。そして、ヴァンスは、そうした貧しい白人たちが大統領にまで押し上げたトランプの後継者ということになる。２０２８年の大統領選挙にトランプは任期制限のために（アメリカ合衆国憲法修正第22条の規定で2期8年まで）、立候補できない。ヴァンスが次の大統領選挙で共和党の候補になることはほぼ間違いない。

厳しい家庭環境から這い上がったヴァンス

ヴァンスが全米でも屈指の名門であるイェール大学法科大学院を修了して弁護士になるま

トランプの後継者J.D.ヴァンスを育てたのもピーター・ティールだ

2016年に出版されたJ.D.ヴァンスの回顧録『ヒルビリー・エレジー　アメリカの繁栄から取り残された人々』(邦訳、光文社、2017年)は大ベストセラーになり、2020年にはロン・ハワード監督、エイミー・アダムス&グレン・クローズ主演の映画になった。

HILLBILLY ELEGY 2020

での半生については、回顧録『ヒルビリー・エレジー　アメリカの反映から取り残された白人たち *Hillbilly Elegy: A Memoir of a Family and Culture in Crisis*』（J・D・ヴァンス著、関根光弘・山田文訳、光文社、２０１７年）に詳しい。

　ヴァンスは、自分のことを、アイルランドから移民してアパラチア山脈に定住したプロテスタントである「スコッツ＝アイリッシュ Scotts Irish」だとしている。そして、ヴァンスの家族は自分たちのことを「ヒルビリー（Hillbilly、田舎者）」と呼んでいるとも書いている。ヒルビリーは、スコッツ＝アイリッシュを侮蔑する言葉で、このような侮蔑語には、他に「ホワイト・トラッシュ（White Trash、白いゴミ）」「レッドネック（Red Neck、首筋が日焼けで赤くなった白人労働者）」などがある。彼らは大学教育を受けることなく、肉体労働者として働く人々だ。彼らは厳しい肉体労働をしながら、きちんとした生活を営み、アメリカ経済の発展に貢献してきたことを誇りに思っている。

　ちなみに、１９５０年代に日本でも大流行したロカビリー Rockabilly は、ロックとヒルビリー音楽が融合した音楽だ。アメリカではエルビス・プレスリー（Elvis Presley、１９３５－１９７７年、42歳で没）、日本では平尾昌晃（ひらおまさあき）（１９３７－２０１７年、79歳で没）、ミッキー・カーチス（Mickey Curtis、１９３８年－　86歳）、山下敬二郎（１９３９－２０１１年、71歳で没）のロカビリー三人男の名前は今でも残っている。

ヴァンスの家庭は複雑で、母親は離婚し、シングルマザーで子供たちを育てていた。看護師として働いていたが、麻薬中毒になってしまった。ヴァンスは、肝っ玉母さんの祖母に育てられ、気立ての良い姉の助けもあって、高校を卒業することができた。高校時代の成績は優秀であったが、そのまま大学には進まず、自分を厳しく鍛える目的もあって、2003年にアメリカ海兵隊 United States Marine Corps(マリーン コー) に入隊した。海兵隊の新兵訓練「ブート・キャンプ Boot Camp 」はその過酷さで知られている。海兵隊員となったヴァンスは2005年にイラクに派遣され、現地ではマスコミの取材対応などを行う広報担当となった。ヴァンスは回顧録の中で、将校よりも自分のほうが仕事ができたと書いている。

2007年にオハイオ州立大学に進学し、優秀な成績で卒業し、2009年にはイェール大学法科大学院に進学した。ここで後に妻となるウーシャ（インド系）と出会っている。また、一度は政府効率化省を率いると発表された（後にオハイオ州知事選挙出馬に専念のために辞退）、ヴィヴェック・ラマスワミ（こちらもインド系）とも友人となり、その関係は今も続いている。

ピーター・ティールがヴァンスを育て、政界進出へ強力に後押しした

J・D・ヴァンス副大統領の政界進出（2022年の連邦上院議員選挙当選）までの人生にはピーター・ティールが深くかかわっている。ヴァンスにとって、ピーター・ティールは政界進出の後押しをしてくれた大恩人である。ティールにしてみれば、ヴァンスは、政界に進出させることに成功させた、有能な子飼いということになる。ティールは表向き、トランプとは関係を断っているが、ヴァンスとの深い関係を使って、トランプ政権に影響を与えることができる。イーロン・マスクがトランプに対して多大な影響力を与えることができるということを考えると、ピーター・ティールとイーロン・マスクはトランプ政権に影響を与えることができ、利用できる立場にある。

J・D・ヴァンスが政界入りする前にいかにピーター・ティールの後援を受けたかについては、NBCニューズ2024年7月16日付記事「分析：J・D・ヴァンスをトランプの副大統領の地位にまで急速に上昇させるまで支援した大富豪（The billionaire who fueled JD Vance's rapid rise to the Trump VP spot — analysis）」に詳しい。この記事を使って、ヴァン

ピーター・ティールはJ.D.ヴァンスとヴィヴェック・ラマスワミに彼らの学生時代から目をつけていた。その関係は堅固だ

1967年生まれのティールはヴァンス（1984年生まれ）、ラマスワミ（1985年生まれ）より17〜18歳年上だ。

J.D.ヴァンス
オハイオ州立大学卒業後、イェール大学法科大学院修了。海兵隊出身。貧しい境遇から這い上がり、上院議員、副大統領となった。

ヴィヴェック・ラマスワミ
ハーヴァード大学卒業後、イェール大学法科大学院終了。オハイオ州知事選に出るため、イーロン・マスクと共同の政府効率化省の責任者起用はなくなった。

スとティールの深い関係について見ていく。

ヴァンスはイェール大学法科大学院修了後、企業専門の法律事務所に弁護士として入所したが、2016年に退職して、サンフランシスコに移った。サンフランシスコにはシリコンヴァレーがある。ヴァンスはヴェンチャー・キャピタリストに転身し、2016年から2017年にかけて、ピーター・ティールのミスリル・キャピタル社 Mithril Capital という投資会社で社長を務めた。同時期に、回顧録『ヒルビリー・エレジー』を出版した。

ヴァンスとティールの出会いは、ヴァンスがイェール大学法科大学院時代に、イェールで開かれたティールの講演会に出席し、その内容に感銘を受けたところから始まる。ヴァンスは後にピーター・ティールの講演会について、「イェール大学での生活で最重要の出来事」と形容している。そして、ヴァンスは学生時代にティールの知己を得る。このことは、ヴィヴェック・ラマスワミのところで詳しく紹介する。

ヴァンスは2019年に生まれ故郷のオハイオ州に戻り、ヴェンチャー・キャピタリスト会社を立ち上げた。そこでも資金を出して支援したのがピーター・ティールだ。ヴァンスが故郷であるオハイオ州に戻ったのは政界進出を模索するためだった。この政界進出を後押ししたのもティールで、2021年、ヴァンスはオハイオ州選出上院議員選挙の共和党予備選挙に立候補を表明した。2022年の予備選挙で三つ巴(どもえ)の激しい戦いを制し、共和党の候補者となり、本選挙では民主党の候補者（連邦下院議員から転身を狙った現職議員）に勝利した。ピーター・ティールはヴァンスの選挙運動に1500万ドル（約22億5000万円）を献金するなど手厚い支援を行った。上院議員選挙レヴェルで1人の人物がこれだけ巨額の政治資金を提供することは異例のことだ。これだけの資金があって、ヴァンスは厳しい選挙戦を勝ち抜くことができた。

また、ヴァンスは、以前は反トランプの姿勢を鮮明に打ち出し、トランプを「アメリカのヒトラー America's Hitler」と呼ぶこともあったほどだ。しかし、2021年2月、ピーター・ティールがヴァンスを連れて、トランプの邸宅「マール・ア・ラーゴ」を訪問し、トランプとヴァンスの初対面を実現させた。その後、オハイオ州選出の上院議員選挙に出馬する際には、ヴァンスはトランプ支持者に変貌していた。そして、上院議員に当選した。そして、副大統領へと駆け上がった。ヴァンス躍進の裏にはティールがいたのである。

政府効率化省を率いると発表されたイーロン・マスクとヴィヴェック・ラマスワミの共通点もまたピーター・ティール

政府効率化省設置の発表は人々を驚かせた。そして、この政府機関を率いるのがイーロン・マスクとヴィヴェック・ラマスワミという人事も発表された。ラマスワミはオハイオ州知事選挙に立候補するということになり、政府効率化省から外れることになった（ブルームバーグ日本版２０２５年1月22日付記事「ラマスワミ氏は「政府効率化省」に参加せず、オハイオ州知事選出馬へ」）。この政府効率化省のアイデアは、第1章でも取り上げた、第1次トランプ政権時に、ピーター・ティールの肝いりで発足し、ジャレッド・クシュナーが責任者となったアメリカ・イノヴェイション局（ＯＡＩ）を踏襲したものであろう。

ヴィヴェック・ラマスワミはオハイオ州シンシナティ出身で両親はインドからの移民だ。ハーヴァード大学に入学し、学生時代にはラップ音楽をやっていたということだ。卒業後は、イェール大学法科大学院に進み、学生時代から起業し、バイオ・製薬関係の起業で成功を収めた。拙著『バイデンを操る者たちがアメリカ帝国を崩壊させる』で取り上げたが、２０２４年の大統領選挙の共和党予備選挙に立候補した。当初はまったくの無名候補で支持率はほぼゼロ％、泡沫候補 perennial candidate（ペレニアル キャンディデイト）だった。選挙戦が進むにつれて、討論会などでの鋭い弁舌によって人気を上げていった。ラマスワミはドナルド・トランプについて、討論会の席上で「トランプ前大統領は21世紀において最高の大統領だ」と発言し、トランプはＳＮＳ上で「ありがとう、ヴィヴェック！」という感謝の言葉を送った。ラマスワミは最終的に選挙戦から撤退したが、トランプ支持の若手ということで知名度が大いに上がった。

ヴィヴェック・ラマスワミもまた、ピーター・ティールと関係が深い。その関係は、ラマスワミがイェール大学法科大学院在学中から始まった。ラマスワミと同時期に在学していたJ・D・ヴァンスも大学院時代にティールの知己を得ている。ラマスワミとヴァンスは現在まで友人関係にある。ヴァンスの妻ウーシャもまたイェール大学法科大学院でヴァンスの同級生で、ラマスワミと同じくインド系だ。彼ら3人は学生時代からの友人だ。さらに言えば、ラマスワミとヴァンスは、オハイオ州で生まれ育ったという共通点がある。ピーター・ティールは、ラマスワミとヴァンスが学生の頃から知り合いで、目をかけて、育ててきた。『ザ・ガーディアン』紙2023年8月25日付記事「『彼はインサイダーだ』：ラマスワミの右翼の大物たちとの深い関係が明らかに（'He's an insider': Ramaswamy's deep ties to rightwing kingpins revealed）」に重要な記述がある。以下に引用する。

ラマスワミはイェール大学法科大学院時代以来のJ・D・ヴァンスの友人だ。ヴァンスはベストセラーとなった回顧録『ヒルビリー・エレジー』の著者で、政治の世界に入る前に金融の世界で成功を収めた人物だ。イェール大学で、ヴァンスとラマスワミは、ティールが主催する「選抜された学生たちのための親密な昼食会セミナー」（『ニューヨーカー』誌）に出席した。ヴァンスはティールの支援を受け、トランプ主義を声高に支持して、オハイオ州選出の連邦上院議員に当選した。

それ以降、ティールは政治献金から手を引いたと語っている。しかし、彼はラマスワミのビジネスキャリアを支援しており、『ニューヨーカー』誌が「高齢者のメディケア利用を支援するベンチャー」と呼ぶ試みを支援し、昨年（引用者註：２０２２年）は、企業投資家の間の環境・社会・ガバナンス（ＥＳＧ）政策を攻撃するためにラマスワミが立ち上げたファンドであるストライヴ・アセット・マネジメントを支援した。ヴァンスも支援者に名を連ねた。

（翻訳は引用者）

Ｊ・Ｄ・ヴァンスとヴィヴェック・ラマスワミとピーター・ティールの関係は堅固（けんご）なものだ。重要なのは、ティールは、ヴァンスとラマスワミに学生の頃から目をつけていたという点だ。ヴァンスはイェール大学で行われたティールの講演会に出席して、感銘を受けたと思い出話を語っているが、それ以上の関係だったのだ。

優秀な学生揃いのイェール大学法科大学院の学生からさらに選抜されて、昼食会に招待されるというのは、ティールが「この学生には投資をする価値があるかどうか」を見極める機会であり、選ばれた学生にしてみれば、成功を摑（つか）めるかどうかの機会ということになる。ヴァンスとラマスワミは、ティールのお眼鏡にかない、ビジネスで成功するために資金を出してもらい、さらには政界進出まで支援してもらっている。そして、トランプ政権に深く食い込んでいる。ピーター・ティールにしてみれば、イーロン・マスクのように自分が表に立って動かなくても、政権に影響力を行使することができる。

ここからは政府効率化省について見ていく。第2次トランプ政権が発足して、最も注目を集めている政府機関であり、トランプの電撃作戦（ブリッツクリーク）の中心的な存在となっている。政府効率化省の基本は、ピーター・ティールとイーロン・マスクが主張してきた、「官僚主義の打破と規制の撤廃」である。政府効率化省を率いるイーロン・マスクはスタッフを各政府機関に派遣して、人事や支払いをチェックさせている（ロイター通信２０２５年2月14日付記事「マスク氏『政府機関全体を廃止』、トランプ氏推進の改革の一環」）。派遣されるスタッフの主力はハッカーたちであり、各政府機関のコンピュータのパスワードなどは簡単に突破でき、秘密情報まで入手できているようだ。

米国国際開発庁（United States Agency of International Development、ＵＳＡＩＤ）の閉鎖をマスクが主張し、それをトランプが認めたということで、政府効率化省の活動と共に、ＵＳＡＩＤにも注目が集まった。第2次トランプ政権発足後すぐに、ＵＳＡＩＤの予算執行については、上部組織である国務省の長官であるマルコ・ルビオが一部を除いて差し止めを決めていたが、さらに進んで、閉鎖ということになった。米国国際開発庁については、本書第4章で詳しく説明するが、簡単に言えば、アメリカの介入主義外交の尖兵となってきた政府機関である。政府効率化省はワシントンDCにある中央官庁を、例外なく軒並み「荒らしまわって」いき、政府組織全体の縮小を進めていく。

政府効率化省は非常なスピード感をもって仕事を行っている。私たちはそれに圧倒されている。何故、それほどのスピードで仕事をしているのか。それは、期限付きの政府機関だからだ。アメリカ建国250周年となる2026年7月4日までに成果を出して、解散するということがすでに発表されており、活動できる期間は1年半ぐらいしかない。イーロン・マスクは早速ホワイトハウスに入って、契約の見直し、解除の仕事を進めている（ロイター通信2025年1月25日付記事「米政府効率化省、4・2億ドル相当の契約を解除　トランプ氏就任以降」）。多様性推進の業務契約の解除をスタートさせているが、国防総省やCIAなどの政府機関の予算にもメスが入ることでマスクとピーター・ティールは利益を得ることになる。

第2次トランプ政権は、連邦政府職員200万人に対して、退職勧奨を開始した。報道によると、「入国管理や国家安全保障に関連する職種と郵政公社の職員を除く文官が対象」で、「郵政公社を除く米国の文官は約230万人」とあるので、30万人には退職勧奨がされていないということになる。

退職勧奨のEメールメッセージのタイトルが「Fork（フォーク） in the road」は、「人生の岐路（きろ）、重大な分かれ道」という意味で、「皆さんはここで正しい決定をしなくてはいけない」ということになる。さらに絵解きをすると、「すでに自分たち（トランプ政権）は人事記録や仕事の記録を入手しつつある。そして、記録を調べて、連邦政府の文官としてふさわしくない人にこのメールを送っている。退職勧奨に応じるかどうかを決めるのは皆さん自身だ。かなりあくどいことをやったと自覚がある人間は穏やかに言っているうちに自発的に去れ。それほどではないと思えるならば、改善、改心すると決めて、とどまっても良いが、調査が進んだ場合には解雇することもあり得る」ということだ（『ロイター通信』2025年1月29日付記事「米政権、連邦政府職員200万人に退職勧奨　奨励金提示」）。全員が退職することは考えられないが、連邦政府全体の引き締め、スリム化として大きな効果を持つ。

第2次トランプ政権のスピード感には連邦政府全体も、そして、世界も呆気（あっけ）に取られている。トランプとイーロン・マスクの判断力のすさまじさは予想をはるかに超えるものだ。

第2次トランプ政権は国境の守りを固めることを最優先

ドナルド・トランプ大統領の重点政策は「国境防衛・不法移民対策」である。トランプはアメリカ南部国境 U.S. Southern Border を守り、不法移民 illegal immigrants を入れない、さらにはアメリカ国内にいる不法移民を送還すると発表している。この国境の守備にかんしては、違法薬物の流入阻止も入っている。２０２５年1月20日の大統領就任式での演説でトランプ大統領は次のように述べた。以下に引用する。

> メキシコ政策における私の残した遺産を復活させる。キャッチ・アンド・リリースの慣行を廃止する。そして、わが国への災厄をもたらす侵略を撃退するため、南部国境に軍隊を派遣する。本日私が署名する命令により、麻薬カルテルを外国のテロ組織として指定する。そして、１７９８年に制定された「外敵法 Alien Enemies Act 」を発動させ、連邦および州の法執行機関の全面的かつ莫大な権限を行使し、私たちの都市や都市中心部の問題を抱える地域 inner cities を含むアメリカ本土に壊滅的な犯罪をもたらす、すべての外国人ギャングや犯罪ネットワークの存在を排除するよう、政府に指示する。

（翻訳は引用者）

麻薬カルテルを犯罪組織よりも厳しい措置が取れるテロ組織に指定して締め上げ、アメリカ国内での活動に対しても厳しい対処を行うということになる。そして、南部国境を強化し、国内の不法移民を送還するという明確な意思をトランプ大統領は示している。これは、国内の麻薬蔓延問題と国内の安全問題、さらには雇用問題の対策にも結びつくことになり、繰り返しになるが、国境防衛こそはトランプ政権の柱である。

第2次トランプ政権は発足後、有言実行で、早速、不法移民を母国に送還する作業を始めた。軍用機を使い、それぞれの母国に送還している（読売新聞2025年1月25日付記事「トランプ政権、不法移民の強制送還に軍用機…大統領報道官『史上最大の作戦は順調に進んでいる』」）。また、犯罪歴がある不法移民については、キューバにあるグアンタナモ基地に収容するとし、その数は3万人が予定されている（NHK2025年1月30日付記事「トランプ大統領〝グアンタナモ基地に不法移民の収容施設整備〟」）。ここで重要なのは、不法移民対策に国防総省、アメリカ軍が動員されていることだ。国境の守りと不法移民対策は、第2次トランプ政権にとって、安全保障政策の一環に位置付けられている。

第2次トランプ政権で国境管理のキーマンとなるのが、トム・ホーマン（Tom Homan、1961年－　63歳）だ。ホーマンは「国境の皇帝 border czar 」を務めることになった。「皇帝」という役職はないが、国境管理を行う政府機関すべてを統括する責任者となる。トム・ホーマンは、陸上（北部国境と南部国境）、海上、航空のすべての国境を担当する。そして、不法移民送還も担当する。

ホーマンについては、『ザ・ヒル』誌2024年11月11日付記事「トランプ政権の新たな国境の皇帝となるトム・ホーマンについて知るべき5つのこと（5 things to know about Tom Homan, Trump's new border czar ）」という記事に詳しい。1983年にニューヨーク州の地元の警察官からキャリアをスタートさせ、1984年に国境警備隊 Border Patrol に移り、移民・関税執行局（ICE）で幹部職員に昇進した。そのまま退職する流れだったが、第1次トランプ政権で慰留され、ICEの長官代理を1年ほど務めた。第1次トランプ政権時代、「ゼロ・トレランス」政策を掲げ、不法移民の親子分離収容を進めた。2018年からはフォックス・ニューズのコメンテイターとなった。2022年からはヘリテージ財団の客員研究員を務め、政策提言プログラムの「プロジェクト2025」に参加した。前述の通り、ホーマンは厳しい不法移民対策を明言してきた。すでに犯罪記録がある不法移民について送還が始まっている。ホーマンは司令官の役割を果たしている。

国境管理を行う政府機関すべてを統轄する責任者トム・ホーマンは「国境の皇帝（border czar）と呼ばれている

トム・ホーマン

ホワイトハウスで南部国境問題、不法移民対策を担当するスティーヴン・ミラー

スティーヴン・ミラー

国土安全保障省のクリスティ・ノームも国境対策では重要な任務を果たす

クリスティ・ノーム

ホワイトハウスで南部国境問題、不法移民対策を担当するのは、スティーヴン・ミラー（Stephen Miller、１９８５年－ 39歳）政策担当大統領次席補佐官 Deputy（デピューティ） Chief of Staff for Policy だ。スティーヴン・ミラーはデューク大学卒業後、２００７年から第1次トランプ政権で司法長官を務めたジェフ・セッションズが連邦上院議員を務めていた時代にスピーチライターを務めた。２０１６年の大統領選挙ではトランプ陣営に参加し、トランプのスピーチライターを務めた。トランプ当選にはミラーが作成したスピーチ原稿の力があったという評価もされた。第1次トランプ政権では政策担当大統領上級顧問 Senior Advisor to the President とホワイトハウススピーチライティング担当部長 White House Director of Speechwriting（スピーチライティング） を務めた。

ミラーは第1次トランプ政権の移民政策を担った人物だ。第1次トランプ政権で実施された家族の引き離し収容 family separation and detention（ファミリー セパレイション アンド ディテンション） を考え出したのはミラーだと言われている。ちなみに、ミラーの妻、ケイティ・ミラー（Katie Miller、１９９２年－ 32歳）は政府効率化省の報道官を務めている。ケイティ・ミラーは、第1次トランプ政権で、マイク・ペンス副大統領の報道官（２０１９－２０２０年）、広報責任者（２０２０－２０２１年）を務めた。スティーヴンとケイティは２０２０年に、ワシントンＤＣにあるトランプホテルで結婚式を挙げ、トランプ大統領も出席した。トランプが取り持った縁だ。

不法移民対策においては国土安全保障省（Department of Homeland Security、DHS）も重要な役割を果たす。2001年9月11日に発生した同時多発テロ事件を受けて創設された国土安全保障省の使命はテロ対策・防止であるが、国境の管理・防衛もまた重要な任務である。第2次トランプ政権の国土安全保障長官には、クリスティ・ノーム（Kristi Noem、1971年－ 53歳）前サウスダコタ州知事が起用された。

クリスティ・ノームはサウスダコタ州生まれで、大学時代に娘を妊娠したことで学業から離れ、家族が経営する狩猟小屋のビジネスに参加し、成功を収めた。その後に、大学に戻り、学士号を取得した。サウスダコタ州下院議員に当選して政界入りし、その後、2011年から2019年まで連邦下院議員を務めた。下院議員時代はオバマ大統領の施策に批判的、トランプ大統領の移民政策を支持する姿勢を見せた。

その後、2019年にサウスダコタ州知事に就任した。州知事時代には中絶に反対し、新型コロナウイルス対策としてのマスク着用の義務付けやステイホームの義務付けを実施しなかった。第1次トランプ政権時代には、サウスダコタ州兵をアメリカ南部国境に派遣したこともあった。また、不法移民の北部移送に反対し、「サウスダコタ州では不法移民は受け入れない。アメリカ市民になったら電話をしてきて」と発言した。

ノームはトランプに対して忠誠心を持ち、国境政策について厳しい姿勢で臨む。国土安全保障省はテロ組織対策も担当するので、情報・諜報機関や国防総省と連携して、テロ組織に指定される麻薬カルテルについても対応することになる。国境警備はアメリカ軍とも協力することになる。国境を守ることはアメリカ軍の本来の任務である。実際にその通りになっている。

国防長官のピート・ヘグセスの仕事は国境防衛とアメリカ軍幹部の粛清

繰り返すが、第2次トランプ政権は、国境防衛を柱にしている。トランプ大統領はアメリカ軍の将兵1万5000名を南部国境に派遣するように命じ、国境警備について、「就任初日の措置の結果、国土安全保障を国防総省の中核任務にするよう指示した」ということだ（ロイター通信2025年1月23日付記事「米軍、メキシコ国境に兵士1500人追加派遣へ　さらなる増派も」)。アメリカ軍の「中核任務」が国境防衛であるのは当たり前だ。

この国防総省を率いる、国防長官にはピート・ヘグセス（Pete Hegseth、1980年-　44歳）が指名された。連邦上院では共和党所属の議員3名が反対に回り、可否同数（50名ず

国防長官ピート・ヘグセスは国境防衛とアメリカ軍幹部の粛清を粛々と進める

ピート・ヘグセス

商務長官ハワード・ラトニックは「以前の偉大さを取り戻すために関税引き上げと減税を行う」と述べた

ハワード・ラトニック

ラトニックはアメリカが偉大だった時代は「金ぴか時代（Gilded Age）」と呼ばれる1900年前後だと言った。

つ）となった。最後は、連邦上院の議長でもある副大統領J・D・ヴァンスが賛成票を投じ、51対50で人事承認された。ヘグセスは２００３年にプリンストン大学を卒業後、ミネソタ州兵に入隊した。２００４年から２００５年にかけて、キューバにあるグアンタナモ基地、２００５年から２００６年までイラク、２０１１年から２０１２年までアフガニスタンに派遣された。複数の勲章を獲得するなど評価の高い将校（最終階級は少佐）であった。その後、ハーヴァード大学ジョン・F・ケネディ記念行政大学院（Harvard John F. Kennedy School of Government）を修了し、修士号を取得した。２０１４年にフォックス・ニューズに出演するようになり、「フォックス＆フレンズ」週末版の共同司会者を務めて知名度を上げた。

ヘグセスはアメリカ軍の将校出身ではあるが、将官ではなく、これまで軍務以外の公務には就いたことがない。そのために、経験不足や知識不足を危惧する人たちもおり、連邦上院の公聴会では、ヘグセスの知識不足や経験不足を強調するような質問や意見が出された。それでも、ヘグセスはそれをうまく乗り切った。また、将官ではないという点は、しがらみがないということで自由に動けるという利点がある。

ヘグセスは国防長官に就く前、女性が戦闘行為に参加することの禁止を求めていた（広報勤務は禁止しない）。また、「ＤＥＩを推進している将官」の解任を求めていた。また、トランプの政権移行ティームは、「指導力に欠ける」将官の解雇を検討する委員会設置を検討していた（『ウォールストリート・ジャーナル』紙2024年11月13日付記事「トランプ政権移行チーム、軍将官を解任する委員会設置を検討」）。ヘグセス国防長官もこの委員会設置を検討すると表明している。

不法移民のところでも書いたが、国防総省とアメリカ軍はこれから国境警備と不法移民対策に深く関わっていくことになる。また、アメリカ軍の再編、具体的にはトランスジェンダーの入隊禁止、DEI促進プログラムの廃止、新型コロナワクチン接種を拒否した隊員の復職を進める大統領令も出されている。これらはトランプが選挙期間中に主張してきたことだ。

これから、ヘグセスは、トランプの意向に基づいて、アメリカ軍幹部の粛清、官僚主義的な国防総省の変革を行っていく。

「以前の偉大さを取り戻すために関税引き上げと減税を行う」と主張するハワード・ラトニック商務長官

トランプのスローガンは「Make America Great Again（アメリカを再び偉大にする）」だ。「MAGA（マガ）」と略されて使われることが多く、新しい単語としてすでにアメリカ社会に浸透している。トランプや支持者たちが「MAGA」と描かれた帽子をかぶっている姿は日本でもよく報じられている。

ここで、「MAGA」について考えてみよう。「再び偉大に」という言葉には、以前は偉大だったが現在はそうではないということになる。それなら、アメリカは以前のいつの時代に偉大だったと考えられるのか。私は漠然と、第２次世界大戦にアメリカが勝利した後、具体的には１９５０年代、アメリカが輝いていた時代のことだろうと考えていた。この疑問に明確な答えを与えてくれる人物がいた。それが、商務長官になったハワード・ラトニック（Howard Lutnick、１９６１年－ 63歳）だ。

ラトニックは、１９８３年にハヴァフォード大学卒業後、証券会社キャンター・フィッツジェラルド社に進み、１９９１年には社長兼ＣＥＯ、１９９６年には会長兼ＣＥＯに就任した。２００１年の同時多発テロ事件では弟と社員たちの多くを亡くすという経験をした。トランプ大統領は、ラトニックを商務長官に指名する発表の中で、「言語に絶する悲劇に直面した際の回復力の体現者（the embodiment of resilience in the face of unspeakable tragedy）」と書いている。ラトニックは今回の大統領選挙でもトランプの選挙資金集めに貢献し、トランプの政権移行ティームの共同議長を務めた。イーロン・マスクはラトニックを財務長官に推薦したが、トランプはその進言を受け入れなかった（『ザ・ヒル』誌２０２４年11月19日付記事「トランプが商務長官に指名したハワード・ラトニックについて知っておくべきこと（What to know about Howard Lutnick, Trump's pick for commerce secretary）」）。

イギリスの高級紙『ザ・ガーディアン』の2024年11月10日付記事「『彼は私の言うことを聞いている』：トランプのウォール街のフィクサーは従順な政権を組織する準備をしている（'He hears me': Trump's Wall Street fixer prepares to assemble obedient administration）」の中で、ラトニックの発言を引用している。ラトニックはMAGAについて次のように述べている。

マディソンスクエアガーデンの舞台上で（訳者註：2024年10月27日、トランプは出身地ニューヨークのマディソンスクエアガーデンで大規模な選挙集会を開いた）、ラトニックは、彼が「アメリカを再び偉大に」が本当に意味すること、そして、いつアメリカが十分に偉大であったか、彼が考えるその時期であるかについて説明した。その時期とは1900年だ。ラトニックは次のように主張した。「我が国の経済は躍動していた。私たちには所得税はなく、あるのは関税だけだった」

税金が上がり、関税が下がるようになり、歴代のアメリカの政治指導者たちは「世界の他の国々が我々の提供する昼食をタダで食べる」ことを許可してきたとラトニックは言う。彼にとっての好ましい行動方針は明白だ。減税と関税の引き上げである。これはトランプの公約でもある。

（翻訳は引用者）

ラトニックはアメリカが偉大だった時期は「１９００年」と述べた。そして、その時代には「経済が大いに成長し、我が国の経済は躍動していた。私たちには所得税はなく、あるのは関税だけだった」という発言が重要である。１８６４年に南北戦争が終結し、それから、アメリカの経済勃興が始まった。金ぴか時代 Gilded（ギルディッド） Age と呼ばれる。正確には１８６５年から１８９２年までの好況時代だ。鉄道網が整備され、それに伴い、鉄鋼などの需要も伸びた。また、西部開発も本格化した。そうした中で、独占資本 monopoly（モノポリー） capital（キャピタル） の形成が進み、政界との結びつきも深め（それに伴い腐敗も進み）、石油王ジョン・ロックフェラー（John Rockefeller、１８３９-１９３７年、97歳で没）、鉄鋼王アンドリュー・カーネギー（Andrew Carnegie、１８３５-１９１９年、83歳で没）、銀行家ジョン・モルガン（John Morgan、１８３７-１９１３年、75歳で没）など大富豪が出現した。彼らは「泥棒男爵 robber（ラバー） baron（バロン）」とも呼ばれた。トランプとピーター・ティール、イーロン・マスクの関係は21世紀における「泥棒男爵」と言えるだろう。

ドナルド・トランプは、今回の大統領就任式の演説で、第25代大統領ウィリアム・マッキンリー（William McKinley、1843－1901年、58歳で没　在任：1897－1901年）を挙げて称賛している。演説の該当部分を以下に引用する

アメリカは、地球上で最も偉大で、最も強力で、最も尊敬される国家としての正当な地位を取り戻し、全世界の畏敬と称賛 awe and admiration を集めるだろう。今からすぐに、メキシコ湾の名称をアメリカ湾に変更する。そして、偉大なるウィリアム・マッキンリー大統領の名前を、本来そうであるべき、そしてそれにふさわしい、マッキンリー山に復活させる。マッキンリー大統領は、関税 tariff と才能によって我が国を豊かにした。

彼（引用者註：ウィリアム・マッキンリー）は生粋の実業家であり、セオドア・ルーズヴェルトに対して資金を与え、多くの偉大なことを成し遂げさせた。パナマ運河もその1つだ。これは愚かにも、アメリカが、これについて考えて欲しいのだが、パナマ運河の建設に、それまでのプロジェクトで使われたことのないほどの巨費を投じ、3万8000人もの命を失った後、パナマ国に譲渡された。私たちは、この愚かな贈り物からひどい仕打ちを受けた。そして、パナマは私たちとの約束を破った。私たちの取引の目的と条約の精神は完全に侵害された。アメリカの艦船は過酷な過大請求を受けており、ど

のような形であれ公平に扱われていない。そして何よりも、中国がパナマ運河を運営している。私たちは中国に与えたのではなく、パナマに与えたのだ。（翻訳は引用者）

トランプは自身を「関税男 Tariff Man 」と呼んでいるが、この言葉はマッキンリーが使い始めた言葉だ。マッキンリーはアメリカ経済発展のために保護主義 protectionism を標榜し、高関税政策を実施した（「マッキンリー関税 McKinley Tariff 」と呼ばれている）。トランプが述べているように、「関税」によって、アメリカの産業を発展させた。ドナルド・トランプは、2代目の関税男ということになる。

１９０１年にマッキンリーが暗殺された後、副大統領だったセオドア・ルーズヴェルト（Theodore Roosevelt 、１８５８－１９１９年、60歳で没　在任：１９０１－１９０９年）が大統領に昇格した。演説の中にもあるように、ルーズヴェルトは、パナマ運河建設に大きな役割を果たした。１８８０年から工事は始まっていたが、１９０３年に、パナマをコロンビアから独立させて、アメリカの資金を投じて工事を続行させ、最終的に１９１４年に完成した。第4章で詳しく見るが、パナマの運河の管理権は１９７７年にパナマに引き渡されるまで、アメリカが持っていた。パナマ運河の完成によって、アメリカの東海岸と西海岸は海路で容易に接続されることになり、太平洋進出の足掛かりとなった。パナマ運河はアメリカの「偉大な時代」の産物であり、かつ、パナマ運河によって、アメリカはさらに偉大になったということである。トランプが演説で、マッキンリーとパナマ運河に言及したのは、「アメリカを再び偉大に」という文脈から理解できる。

ラトニックは、減税（本当は所得税を廃止したいだろうが）と関税を課すことで経済を刺激するというトランプの経済政策を推進し、21世紀の「金ぴか時代」を出現させるために働くことになるだろうが、4年間でどこまでできるかということは分からない。それに、アメリカの高関税政策は日本を含む諸外国の経済に打撃を与えることになるだろう。

トランプに忠誠を誓うスコット・ベセント財務長官は減税と関税を支持してきた

財務長官になったスコット・ベセント（Scott Bessent、1962年－62歳）は、ラトニックと同様に減税と関税を主張してきた。ベセントはイェール大学卒業後に投資家ジム・ロジャース（Jim Rogers、1942年－82歳）のインターンを務め、その後、ジョージ・ソロス（George Soros、1930年－94歳）の投資ファンドに入社し、1990年代を通じて片腕として活躍した。2000年に自身の投資ファンドを立ち上げたが、2005年に閉鎖し、ソロスの下に戻った。２０１５年にヘッジファンドのキー・スクエア・グループを立ち上げて成功した。ウォール街で長く活躍してきた人物であり、人脈も広い。ウォール街に人脈があることは財務長官にとって重要な条件となる。債券市場や株式市場の動きについても知見を発揮できるだろう。

『ザ・ヒル』誌２０２４年11月23日付記事「ドナルド・トランプ大統領はリスクの高い財務長官にスコット・ベセントを指名：知っておくべきこと（Trump taps Scott Bessent for high-stakes Treasury chief: What to know）」で、ベセントについて詳しく紹介されている。この記事を使って、ベセントについて見ていきたい。

第2次トランプ政権の財務長官はなかなか決まらなかった。候補者として、イーロン・マスクが推すハワード・ラトニックの名前が挙がっていたが商務長官になり、その後、ベセントが財務長官に指名された。トランプの最側近となっているイーロン・マスクの意向が通らなかったということになる。

ベセントはキャリアを通じて、民主党を支持し、アル・ゴア、バラク・オバマ、ヒラリー・クリントンに献金をしたり、政治資金イヴェントを主宰したりしていた。しかし、２０１６年の大統領選挙からはドナルド・トランプを熱心に支持するようになった。２０２４年の大統領選挙では、選対の経済顧問を務め、テレビ番組やラジオ番組に出演し、トランプの

財務長官スコット・ベセントはトランプに忠誠を誓い、減税と関税を監督する

スコット・ベセント

財務長官人事は、最側近イーロン・マスクの意向が通らなかった

内務長官ダグ・バーガムが石油増産というエネルギー政策のキーマンだ

ダグ・バーガム
新設の「国家エネルギー会議」の委員長に指名された

エネルギー長官のクリス・ライトはダーガムの下につく

経済政策である減税と関税引き上げについてアピールした。また、財務長官としては史上初めて、同性愛を公言している人物でもある。

記事によると、ベセントは「国内総生産の３％に相当する財政赤字の削減と日量３００万バレルの追加石油生産を通じて３％の経済成長を促進するという提案でトランプ前大統領に感銘を与えた」ということだ。また、関税引き上げにも賛成しており、選挙期間中には、「ある意味、関税は制裁なき経済制裁 economic sanction without a sanction とみなすことができると思う。もし中国の経済政策が気に入らなければ、過剰な生産で市場を溢れさせれば、制裁を加えることもできるし、関税をかけることもできる。それは為替操作に対する答えにもなる」（翻訳は引用者）と述べた。

ベセントは財務長官として税制と関税を監督する立場である。財政赤字の削減と石油増産に合わせて経済成長を促すというのは、国内では減税を行い、景気を刺激するということで、これによって税収も伸び、財政赤字削減にも貢献するというサイクルになるということだ。これは、サプライサイド経済学 Supply-side economics と呼ばれる。企業と家計の減税を行い、規制緩和を合わせて行うというものだ。また、高関税を課すことで、国内の製造業の伸長と雇用創出を目指すことになる。トランプの一番の関心事は「雇用の創出」である。これらの政策は、ロナルド・レーガン政権の行った政策を踏襲しているということになる。１９

80年代のアメリカ政治の動きについては、『世界覇権国アメリカを動かす政治家と知識人たち』（副島隆彦著、講談社＋α文庫、1999年）に詳しい。レーガン政権時代の動きを知ることはトランプ政権の動きを予測するのに役立つ。

トランプ大統領は石油増産を最優先するエネルギー政策を推進する

トランプ政権のエネルギー政策はジョー・バイデン政権から大きく変化する。ブルームバーグ日本版2024年11月7日付記事「原油からEVまで、トランプ氏勝利で一変する米国のエネルギー政策」では、「トランプ氏は選挙期間中、民主党の気候変動対策を『新たなグリーン詐欺』と呼ぶなど批判してきた。今回の勝利により、その気候変動対策に狙いを定め、連邦政府が原油増産と発電所の増加に重点を置くよう方針を転換する見通しだ」「石油・天然ガス企業が最も大きな恩恵を受けるとみられている」と書かれている。トランプ政権は、石油、天然ガス、石炭の増産を進めることになる。選挙期間中、石油産業が盛んなテキサス州などの選挙集会でたびたび、トランプは「じゃんじゃん掘れ Drill, Baby, Drill 」と発言し、大きな喝采を浴びてきた。トランプにとって、エネルギーの増産とエネルギー価格の引き下げは重要な選挙公約だった（NHK2024年8月15日付記事「米トランプ前大統領〝政権奪還したらエネルギー価格を半分に〟」)。

２０２５年1月20日の大統領就任式の演説の中でトランプは、インフレの原因として、エネルギー価格の高騰を挙げ、「エネルギー非常事態」を宣言するとした。そして、石油と天然ガスについて言及し、「アメリカは再び製造業国家 manufacturing(マニュファクチャリング) nation(ネイション) となる。アメリカには他の製造業国家が決して持つことのないもの、すなわち地球上のどの国よりも大量の石油と天然ガスを持っている。そして、それを使用する。価格を引き下げ、戦略的備蓄量 strategic(ストラテイジック) reserves(リザーヴズ) を再び限界まで満たし、アメリカのエネルギーを世界中に輸出する。私たちは再び豊かな国になるのだ。そして、私たちの足元にある金の液体 liquid(リキッド) gold(ゴールド) こそが、その助けをしてくれる」(翻訳は引用者)と述べた。

トランプはエネルギーの国内需要を国内生産で賄(まかな)い、それだけでなく、ヨーロッパなどへの輸出を増加させようとしている。そのために、エネルギー資源を「戦略的な物資」と重視しているようだ。

ロイター通信２０２４年12月21日付記事「トランプ氏、ＥＵに石油・ガス購入の拡大要求 『関税』警告」では、「ＥＵはすでに米国の石油・ガスの主要な輸出先であり、米国が生産を増やしたり、アジア向けを振り替えない限り、ＥＵが購入を増やすことはできない。ただトランプ氏は石油・ガス生産をさらに増やすと約束している」と書かれている。エネルギー増産は、第2次トランプ政権の柱だ。

拙著『バイデンを操る者たちがアメリカ帝国を崩壊させる』で書いた通り、アメリカのバイデン政権は、ロシアとドイツをつないでいた天然ガスのパイプライン「ノルドストリーム Nord Stream」を破壊した。ウクライナ戦争勃発後に、ヨーロッパ各国は、「段階的に」ロシアからの天然資源輸入を停止すると発表していたが、物理的にできないようにされた。ノルドストリームについては、トランプ大統領も第1次政権時代に、問題視して制裁を科すと述べ、ドイツに対して「エネルギーの面でロシアに依存しないように」という警告を発していた。ノルドストリームの爆破もあり、ヨーロッパはエネルギー供給源を失いつつある。そこにアメリカの石油や天然ガスを売り込む。トランプにとってヨーロッパ諸国は「友達」でもなんでもない。なんでもかんでも助けてやる義理もない。利用できる機会があればそれを利用して高く売りつける。トランプの動きを予想する際には、このような冷酷なビジネス判断をするということを大前提にしないと大きく間違うことになる。

トランプの石油増産というエネルギー政策のキーマンとなるのはダグ・バーガム内務長官

トランプ大統領は、内務長官にノースダコタ州知事ダグ・バーガムを指名した。また、エネルギー長官 Secretary of Energy にクリス・ライト（Chris Wright、1965年－　59歳）を指名した。バーガムは、第2次トランプ政権において新設される「国家エネルギー会議 National Energy Council」委員長にも指名された。さらには国家エネルギー会議委員長の資格で、国家安全保障会議 National Security Council にも参加する。クリス・ライトは委員として国家エネルギー会議に出席する。トランプ政権のエネルギー政策を取り仕切るのは、エネルギー長官のライトではなく、内務長官兼国家エネルギー会議委員長を務めるバーガムということになる。

2024年11月29日にカナダのジャスティン・トルドー（Justin Trudeau、1971年－　53歳）首相が訪米し、トランプと会談を行った（『ブルームバーグ日本版』2024年11月30日付記事「カナダ首相、トランプ氏とフロリダの邸宅で会談－貿易や国境問題協議」）。トランプに同席したのは、商務長官のハワード・ラトニック、国家安全保障問題担当大統領補佐官マイク・ウォルツ、そして、内務長官のダグ・バーガムだった。会談では、カナダとアメリカを結ぶ石油パイプライン「キーストーンXL Keystone Pipeline System」（バイデン政権で認可取り消し）について話し合われたということだが、会談に同席した閣僚たち（当時は指名された人物たち）の顔触れを見ると、トランプが石油をかなり重視していることが分かる。

内務長官というのは大した仕事はなく、国立公園の管理をやっているくらいだと思われている。内務省の任務は、政府が持つ公的な土地、アメリカ先住民の土地、環境の保護管理とされている。そして、これらの土地の天然資源の管理も任されている。この点が重要だ。国立公園や先住民の居住地に天然資源がある場合に、その開発許可を出すのが内務長官だ。エネルギー資源増産を目指すトランプ政権にとって、内務長官は実は重要な役職だ。

さらに今回、バーガムは兼任で、新設の国家エネルギー会議委員長となり、さらには国家安全保障会議にも出席する。内務長官が国家安全保障会議に出席するというのは異例のことだ。

バーガムは国家戦略としてのエネルギー政策に関与し、エネルギー長官のライトは実行部隊ということになるだろう。カナダのトルドー首相との会談にも同席したバーガムは、その肩書以上に、トランプ政権内において重要なポジションにいることが分かる。

バーガムは石油業界との関係も深く、これから公共用地や国立公園内での、掘削を積極的に認可していくということになる。水圧破砕（はさい）、フラッキングに関しては、水質汚染やがんの増加の原因になるという批判もあるが、国家戦略として、石油の増産を行うということになる。エネルギー増産と価格の引き下げと安定は、トランプの経済政策における柱である。

第2次トランプ政権のエネルギーの大戦略は「エネルギー支配力 energy dominance（エナジードミナンス）」という言葉になる。これは第1次政権でも言われていたことだが、エネルギー供給力を整備し、自国だけではなく、諸外国（主にアメリカの同盟諸国）にも供給して、不測の事態にも備えるようにするというものだ。アメリカは石油や石炭、天然ガスを産出し、それを輸出することをこれから行おうというのがトランプ戦略だ。これらを減らしてクリーンエネルギーに代替するのではなく、どちらもやっていくということだ。その指揮を執るのがダグ・バーガムということになる。バーガムが率いる国家エネルギー会議がどのような役割を果たすかが注目される。そして、バーガムが国家安全保障会議に出席することになるというのは、トランプがバーガムの存在を重視しているということを示している。第2次トランプ政権において重要人物ということになるだろう。

石油や天然ガスだけではなく、原子力も重要である。トランプ大統領は2024年8月に福島原発事故に言及して「3000年は人が入れない」と発言し、同席していたイーロン・マスクからは「それほどのことはない」とたしなめられた。こうして見ると、原子力に関して否定的かと思えばそうではなく、エネルギー支配力強化のためには原子力も必要という立場を第1次政権で取っていたことを考えると、原発についても活用していくということになる。

エネルギー長官のクリス・ライトは石油や天然ガスの採掘会社（水圧破砕、フラッキング）のCEOであると同時に、モジュール型原発企業の役員でもある。トランプはクリス・ライトについて、「彼は原子力、太陽熱、地熱、石油・ガスの分野で働いてきた」と述べている。トランプ政権は化石燃料である石油や石炭、天然ガスに注力する（「ひたすら掘れ！」政策）だけではなく、原子力を中心とする「クリーンエネルギー」も推進することになる。その理由がバイデン政権のような「気候変動対策」ではなく、「エネルギー支配力」のためと変わることになる。

繰り返しになるが、エネルギー（石油、天然ガス、石炭）増産はトランプ政権の柱である。アメリカ国内の需要を満たし、海外への輸出を進めることで、インフレ抑制と景気刺激のバランスを取ろうとしている。石油や天然ガスを日本にも売りつけようとしてくるだろう。どこまでお付き合いして高くても買うかということを日本政府と経済界は真剣に検討することになる。

ロバート・F・ケネディ・ジュニアの厚生長官指名でビッグファーマとの対決

保健福祉長官 Secretary of Health and Human Services に指名されたロバート・F・ケネディ・ジュニア（Robert F. Kennedy Jr.、1954年 - 71歳）は、民主党内の名門ケネディ家の一族である。ジョン・F・ケネディ元大統領の弟のロバート・F・ケネディ元司法長官の次男で、ケネディ元大統領の甥だ。9歳の時に伯父ジョン、14歳の時に父ロバートを暗殺で失った。ハーヴァード大学卒業後に、ロンドン・スクール・オブ・エコノミクスに進学し、その後はヴァージニア大学法科大学を修了し弁護士となった。弁護士になった後は環境保護運動と反ワクチン運動を行っていた。

2023年4月に2024年大統領選挙民主党予備選挙に立候補を表明したが、支持率が上がらずに、8月にはドナルド・トランプ支持を表明しつつも、無所属での立候補を模索し続けた。トランプ大統領とは以前から親交があり（トランプは元々民主党員だった）、2016年の大統領選挙終了後、ケネディ・ジュニアがトランプタワーを訪問したことが話題になった。この時の「保健福祉長官起用があるのではないか」という噂があった。

ロバート・F・ケネディ・ジュニア保健福祉長官の最大の任務は製薬巨大企業Big Pharma（ビッグファーマ）がアメリカ国民の健康を搾取して巨額の利益を上げている状態を改善することであり、アメリカ食品医薬品局（Food and Drug Administration、FDA）と医薬品業界の癒着を断ち切る仕事を行う。特に、FDAが新薬承認申請を行う製薬会社から申請料金fee（フィー）を徴収して予算に充てること（現在は総予算の約半分にまでなる）を定めた「処方薬ユーザーフィー法」改正を行うことになる（5年おきの見直しで2027年がその機会となる）。この制度は一見良い制度のように見えるが、製薬会社の新規参入を阻み、FDAを大手製薬会社がコントロールするという実態になっている（*WIRED* 日本版2024年12月19日付記事「巨大製薬企業に宣戦布告したロバート・F・ケネディ・ジュニアと、立ちはだかる3つの壁」）。

「アメリカを再び健康に」で「医原病」に対処する

国境管理のところでも述べたが、国境の厳しい管理は違法薬物流入阻止も目指している。アメリカで深刻な問題になっているのが、フェンタニルFentanylの蔓延だ。日本における報道でも、フィラデルフィア市内の一角に中毒者が集まり、ゾンビのようにふらふらと歩きまわっている映像が放映されているので知っている人も多いと思う。

フェンタニルは麻薬ではなく、合法の鎮痛剤だ。アメリカでは、膝や腰の痛みを抑えるために普通に処方される。鎮痛効果が高いが（ヘロインの50倍、モルヒネの100倍という）、量を間違ってしまうと中毒となってしまう。しかし、患者は痛みを訴えるということもあり、医師や歯科医師たちがどんどん処方するようになってしまった。

結果として、フェンタニル中毒が増加してしまった。医師の処方があれば合法的に入手できるが、実際には違法な形で蔓延しており、中国で製造されたものがメキシコを通じてアメリカ国内に流入している。フェンタニル中毒は一種の医原病（いげんびょう）iatrogenic disease（アイアトロジェニック ディジーズ）である。

製薬会社（ビッグファーマ）は連邦議員たちに働きかけて（献金をして）、フェンタニル制限の動きを阻止した。アメリカ国民の利益（健康）よりも、ビッグファーマの利益（金（かね））を優先してきた。このことは、『絶望死のアメリカ　資本主義がめざすべきもの』（アン・ケース、アンガス・ディートン著、松本裕訳、みすず書房、2021年）に詳しい。ロバート・F・ケネディ・ジュニアは、「Make America Healthy Again（アメリカを再び健康に）」を掲げて、ビッグファーマと戦う。

保健福祉長官ロバート・F・ケネディ・ジュニアが利権を貪るビッグファーマと対決する

ロバート・F・ケネディ・ジュニア

ロバートは伯父ジョン・F・ケネディ大統領の暗殺にCIAが関わった「決定的証拠」を見たと発言。トランプ大統領は1月23日、JFK暗殺に関する政府文書を公開する大統領令に署名した。だが、おそらくトランプはCIAとの取引材料にするだろう。

1963年11月22日、テキサス州ダラスで第35代大統領ジョン・F・ケネディは暗殺された

ジョン・F・ケネディ大統領暗殺事件関連文書の公開はCIAとの取引材料になる

トランプ政権では、ジョン・F・ケネディ大統領暗殺事件、ロバート・F・ケネディ上院議員暗殺事件、マーティン・ルーサー・キング牧師暗殺事件について、関連する文書を公開すると発表した（ロイター通信2025年1月19日付記事「トランプ氏、ケネディ元大統領とキング牧師の暗殺の機密文書公開へ」）。この記事の中で、「トランプ氏は1期目の2017－2021年にも同様の約束をし、文書の一部を公開した。しかし、最終的には米中央情報局（CIA）と米連邦捜査局（FBI）からの圧力に屈し、国家安全保障上の懸念を理由に多くの文書を非公開のままにした」と書かれている。第1次政権では情報公開がうまくいかなかった。しかし、私はこの文書公開をトランプ大統領が取引材料として使うだろうとみている。

ロバート・ケネディ・ジュニアは父ロバート・F・ケネディ元司法長官、伯父ジョン・F・ケネディ大統領を共に暗殺で失うという、被害者遺族だ。当然のことだが、彼は前々から、父と伯父の暗殺に関連する文書の公開を求めてきた（『ザ・ヒル』誌2023年5月8日付記事「ロバート・ケネディ・ジュニアがJFK暗殺について、CIAが関与した「決定的な証拠」を見たと発言（Robert Kennedy Jr. sees 'overwhelming evidence' CIA involved in JFK assassination）」）。ケネディ・ジュニアは、「私の伯父（引用者註：ジョン・F・ケネディ）が大統領だったとき、伯父は軍産複合体 military-industrial complex と情報機関 intelligence apparatus（アパラタス）に囲まれていて、彼らは常にラオスやヴェトナムなどで戦争するように仕向けていた。彼はそれを拒否した。アメリカの大統領の仕事は、国民を戦争に巻き込まないようにすることだと言ったのだ（the job of the American presidency is to keep the nation out of war）」（翻訳は引用者）と発言している。そして、この拒否のために、ケネディ大統領は暗殺されたと主張している。彼はCIAがケネディ大統領を暗殺したと確信しているが、一方で、父ロバートの暗殺については、CIAが関わったかについて、「状況証拠 circumstantial（サーカムスタンシャル） evidence（エヴィデンス）の域を出ていない」と述べている。

CIAは、過去の犯罪とは言え、大統領暗殺を行ったということで、組織解体される可能性もある。CIAとしては、第1次トランプ政権で行ったように、圧力をかけて、文書公開を思いとどまらせるか、重要な文書は公開させないという方向にもっていきたいだろう。そうなると、トランプ大統領とのディール（deal、取引）になる。CIAとしては、全面降伏して、トランプに協力するということを取引材料にするだろう。そして、恭順の意を示すために、反トランプ派、民主党系の幹部クラスを排除するということになる。そのために、トランプ大統領としては、ＣＩＡを始めとする情報・諜報機関の動きをまずはお手並み拝見、どれくらい本気でやるかを見極めることになる。

トゥルシー・ギャバードの国家情報長官指名と国家情報長官経験者のジョン・ラトクリフのＣＩＡ長官指名

トゥルシー・ギャバードの国家情報長官就任は驚きをもって迎えられた。それは、ギャバードが２０１３年から２０２１年まで民主党所属の連邦下院議員（ハワイ州選出）を務め、また、同時期には民主党全国委員会副委員長も務めた、民主党所属の政治家だったからだ。政治家になる前には、地元の連邦議員のスタッフをしながら、２００３年からハワイ州軍に所属し、２００４年にイラク、２００８年から２００９年かけてクウェートに派遣された。最終的には中佐にまで昇進している。また、２０２０年の大統領選挙では民主党予備選挙に出馬した、ケネディ同様、民主党の政治家として知名度の高い存在であった。ギャバードは、民主党主流派、エスタブリッシュメントを声高に批判してきた。

２０２２年10月に民主党を離党し、２０２４年10月22日には、トランプの選挙集会に登場し、共和党への入党を発表した。トランプはこのことを事前に知らされてなかったようで、大変驚いた表情で聞いていた。ギャバードは、そもそも、第１次トランプ政権発足前の２０

16年に、当時民主党所属の下院議員だったが、トランプタワーを訪問し、トランプと会談を持ったことで、トランプ政権入りするのではないかという憶測が出たことがある。トランプとギャバードの関係は以前から悪くなかった。

CIA長官に指名されたジョン・ラトクリフ（John Ratcliffe、1965年－ 59歳）は、何よりもトランプに対して忠実であり続けた人物だ。ラトクリフは長年、放送の世界で活躍し、テキサスの田舎町の市長に当選し、その後、2014年に連邦下院議員に初当選した。2019年、連邦下院のトランプに対する最初の弾劾訴追手続きの間、トランプの熱烈な擁護者としてラトクリフの知名度は上昇した。2020年からは第1次トランプ政権で国家情報長官に就任した。第2次トランプ政権では、情報・諜報分野のナンバー2のポジションに就くことになる。

ちなみに、国家情報長官（Director of National Intelligence、DNI）は、CIAを始めとする政府機関の情報・諜報分野の16の部局（司法省所属のFBI〔連邦捜査局〕や国防総省のDIA〔国防情報局〕など）を統括する役職だ。省庁間の縦割りの垣根を超えて、情報・諜報分野を一元管理する役職で、国家情報長官は「スパイの親玉 spymaster（スパイマスター）」とも呼ばれる。国家情報長官は、情報・諜報の各政府機関から上がってきた情報を取りまとめて、大統領日報（President's Daily Brief、ＰＤＢ）を大統領に毎日提出する。

情報・諜報分野はアメリカの対外政策を決定する上で重要な役割を果たす。最大限に重たい決定は、アメリカ軍が侵攻するかどうかの決定だ。２００３年、アメリカはイラクに侵攻し、サダム・フセイン政権を崩壊させた。そして、それ以降、占領を続けたが、泥沼状態 quagmire に陥り、２０１１年に撤退するまでに、４４００名以上の戦死者と３万を超える戦傷者を出すという結果に終わった。アメリカのイラク侵攻の大義名分は、イラクのフセイン政権が大量破壊兵器を開発し、テロ組織との関係を持っているということであったが、これはＣＩＡからの報告を基にした判断だった。しかし、実際にはイラクは大量破壊兵器を保有しておらず、テロ組織との関係も発見できなかった。ＣＩＡの誤った情報が戦争を誘発し、結果として、アメリカはイラクで大きな痛手を負った。イラクの人々にとっても同様だ。

トゥルシー・ギャバードはアメリカの介入主義を厳しく批判してきた。共和党のネオコン派と民主党のエスタブリッシュメントたちが「ワシントンにおいて戦争屋のカバール・秘密結社 cabal of warmongers in permanent Washington 」を構成していると声高に主張してきた。そして、アメリカの情報・諜報機関に対しては、それらに奉仕する存在として不信感を表明してきた。

国家情報長官トゥルシー・ギャバードとCIA長官ジョン・ラトクリフは、CIAのシステムと幹部職員を精査し首切りを行う

トゥルシー・ギャバード

ジョン・ラトクリフ

トゥルシー・ギャバードは、連邦上院での人事承認のための公聴会の場で、「日本の防衛力強化について、中国との緊張激化を招く恐れがあると指摘」して、さらには、「『歴史を踏まえ、米国の安全保障上の利益にどう影響するか認識する必要がある』と述べた」ということだ。この発言は、ワシントンの戦争屋と戦ってきたギャバードの真骨頂だ（『時事ドットコム』2025年1月31日付記事「『中国と緊張激化招く恐れ』日本の防衛力強化ー米情報長官候補」）。日本の軍事力強化が中国との関係を緊張させ、不測の事態を招くことがあるという発言がアメリカの「スパイマスター」から出てきたというのは大きい。ギャバードの起用は、第2次トランプ政権が世界で大きな戦争を起こさないという決意を持っていることの1つの証拠となる。

ギャバードとラトクリフは、アメリカ政府内の情報・諜報分野、その主軸であるCIAのシステムと幹部職員を精査し、改善と首切りを行うために任命された。「アメリカを誤った情報で戦争に引きずり込み、大きな損害をアメリカ国民に与えたCIAをはじめとする情報・諜報分野の政府機関の大掃除を行うこと」がギャバードとラトクリフに与えられた使命だ。

第2次トランプ政権にアメリカ・ファースト政策研究所出身者が多く入った

アメリカ・ファースト政策研究所（America First Policy Institute、ＡＦＰＩ）という、これまで聞いたことがなかったシンクタンク出身者が第2次トランプ政権に入っている。パム・ボンディ（Pam Bondi、１９６５年－ 59歳）司法長官、リンダ・マクマホン（Linda McMahon、１９４８年－ 76歳）教育長官、ブルック・ロリンズ（Brooke Rollins、１９７２年－ 52歳）農務長官、リー・ゼルディン（Lee Zeldin、１９８０年－ 45歳）環境保護庁長官、ダグ・コリンズ（Dug Collins、１９６６年－ 58歳）退役軍人長官、カシュ・パテル（Kash Patel、１９８０年－ 45歳）ＦＢＩ長官、ジョン・ラトクリフたちがそうだ。彼らは、アメリカ・ファースト政策研究所で重職を務めた。そして、第1次トランプ政権にも参加した。アメリカ・ファースト政策研究所は、第1次トランプ政権修終了後に創設された、トランプ派の人材の拠点である。

アメリカ・ファースト政策研究所は２０２１年に、第1次トランプ政権で、内政全般を統括するホワイトハウスのアメリカ国内政策会議の委員長代理を務めたブルック・ロリンズ、第1次政権で、アメリカ国家経済会議委員長を務めたラリー・クドロー（Larry Kudlow、

１９４７年－　77歳）、そして、第１次政権の中小企業庁長官（Administrator of the Small Business Administration）を務めたリンダ・マクマホンが創設した。彼らは創設以来、アメリカ・ファースト政策研究所の会長（リンダ・マクマホン）、副会長（クドロー）、所長兼最高経営責任者（ロリンズ）を務めてきた。また、パム・ボンディ司法長官、ジョン・ラトクリフＣＩＡ長官、第１次トランプ政権で米通商代表（United States Trade Representative、ＵＳＴＲ）を務めたロバート・ライトハイザー（Robert Lighthizer、１９４７年－　77歳）も理事を務めている。

ロリンズは、トランプ政権の大統領首席補佐官候補にも名前が挙がっていた。もう１人の有力候補が、２０２４年大統領選挙のトランプ選対本部長を務めたスージー・ワイルズだった。最終的に、政権内に不協和音を起こさないために、ロリンズが辞退してワイルズが大統領首席補佐官になったという経緯がある。「政権内の不協和音」に関して言えば、アメリカ・ファースト政策研究所の出身者たちを快く思わない勢力がトランプ周辺に存在する。

「裏切り者、失敗者の巣窟」と非難されるアメリカ・ファースト政策研究所

アメリカ・ファースト政策研究所を、トランプ周辺の忠誠心の高い人物たちは嫌っている。

入閣したアメリカ・ファースト政策研究所出身の面々

パム・ボンディ
司法長官

リンダ・マクマホン
教育長官

ブルック・ロリンズ
農務長官

リー・ゼルディン
環境保護庁長官

ダグ・コリンズ
退役軍人長官

ジョン・ラトクリフ
CIA長官

カシュ・パテル
FBI長官

しかし、第１次トランプ政権で貿易担当補佐官を務め、第２次トランプ政権で大統領上級顧問になったピーター・ナヴァロはアメリカ・ファースト研究所出身者たちを「第１次政権の失敗者たち」と非難した。彼らはみんな、2021年1月6日の連邦議会襲撃事件に関して、トランプを擁護せずに口をつぐんだからだ。

ピーター・ナヴァロ
大統領上級顧問

『ポリティコ』誌2022年7月25日付記事「トランプ氏は今週ワシントンに戻る。元顧問らは復帰を画策している（Trump returns to D.C. this week. These former advisers are plotting the comeback）」に重要な記述がある。以下に引用する。

しかし、元大統領と同盟を組んでいる人全員がこの組織（引用者註：アメリカ・ファースト政策研究所）のファンというわけではない。金曜日、スティーヴ・バノンの「ウォー・ルーム・ポッドキャスト」に出演したトランプの貿易担当補佐官を務めたピーター・ナヴァロは、この組織を「第1政権の失敗者たち failed（フェイルド） people、RINO（ライノウ）（Republicans in name only、名ばかりの共和党員）、そしてトランプを失望させた不忠者たち（disloyalists who let Trump down）のゴミ捨て場であり避難所（dumping ground and haven）」と呼んだ。

（翻訳は引用者）

ピーター・ナヴァロ（Peter Navarro、1949年－　75歳）は、第2次トランプ政権では大統領上級顧問 Senior Counselor（カウンセラー） を務めることになった。貿易・製造業担当であり、トランプ政権の目玉政策で、トランプを支える役割を果たすことになる。第1次トランプ政権では、新設のホワイトハウス国家通商会議（National Trade Commission、NTC）委員長、この組織が改組されたホワイトハウス通商製造業政策局（Office of Trade and Manufacturing Policy、ＯＴＭＰ）局長を務めた。対中強硬派として、米中貿易戦争を指揮した人物でもある。

ナヴァロは学者・研究者としての経歴が長い。タフツ大学卒業後にハーヴァード大学大学院に進み、修士号と博士号を取得している。カリフォルニア大学アーヴァイン校で30年以上にわたり教鞭を執り、現在は名誉教授だ。ピーター・ナヴァロは、トランプに忠誠を誓う「本物の」人物である。

ナヴァロは２０２１年１月６日の連邦議会襲撃事件に関連して、連邦下院に召喚されたがそれを拒否したために、２０２２年６月に議会侮辱罪で起訴された。そして、２０２４年１月に禁固４カ月と罰金９５００ドルの判決を受けた。３月にフロリダ州の刑務所に収監されて服役した。共和党全国大会が開催中の２０２４年７月17日に出所し、そのままの足でウィスコンシン州ミルウォーキーに移動し、演説を行った。観客たちは熱狂してナヴァロを迎え、トランプは彼を次期トランプ政権の高官として起用すると明言した。

アメリカ・ファースト政策研究所に集まった人物たちは、２０２１年の連邦議事堂襲撃事件で、トランプを擁護しなかった。口をつぐんだ。一方、トランプを守るために、節を曲げずに刑務所に入ることも辞さないほどの忠誠心を持つ人々が作り上げた政策提言書がある。それが、ヘリテージ財団の「プロジェクト2025 Project 2025」だ。これはトランプ政権の「作戦書 playbook」だ。「プロジェクト2025」については、『トランプ勢力の徹底抗戦でアメリカの国家分裂は進む』（副島隆彦著、祥伝社、2024年）に詳しい。

「プロジェクト2025」の4本の柱は次の4つだ。①ホワイトハウスを作り替えることで、現在の腐った官僚機構を解体することで、簡単に言えば幹部職員の解雇、総入れ替えだ。そのためには中央人事機構 Central Personnel Agencies をどう掌握するかだ。そのためには国防の再構築だ。具体的にはこちらも肥大化し、腐った官僚機構となっており、その改善だ。②③福祉に関わる問題で、こちらも肥大化した福祉制度の改善だ。④経済問題の解決で、中央準備制度（Federal Reserve Board、FRB）の廃止や貿易問題の解決だ。具体的には関税引き上げである。

選挙期間中、トランプは「プロジェクト2025」と自分は関係ないとし、距離を置こうとした。トランプの発言を受けて、プロジェクトの責任者だったポール・ダンスは責任者の地位を辞任した（ブルームバーグ日本版2024年7月31日付記事「プロジェクト2025の責任者が退任、トランプ前米大統領の批判受け」）。選挙期間中のことで、ジョー・バイデンからカマラ・ハリスにスイッチする時期で、トランプ陣営としてはあまりにも過激だと見なされ

「プロジェクト２０２５」から政権に加わった者たち

ラス・ヴォート
行政管理予算局長

ブレンダン・カー
連邦通信委員会委員長

カロリン・リーヴィット
ホワイトハウス報道官

トム・ホーマン移民・
関税執行局局長代理

スティーヴン・ミラー
政策担当次席補佐官

ジョン・ラトクリフ
CIA長官

ないようにという思惑もあっただろう。

それでも、「プロジェクト２０２５」に関わった人物たちの中から、トランプ政権に参加している人物もいる。主要な人物たちを挙げれば、予算の執行管理を行う行政管理予算局（Office of Management and Budget、ＯＭＢ）局長ラス・ヴォート（Russ Vought、１９７６年－ 48歳）、通信放送分野を監督する連邦通信委員会（Federal Communications Commission、ＦＣＣ）委員長ブレンダン・カー（Brendan Carr、１９７９年－ 46歳）、史上最年少のホワイトハウス報道官 Press Secretary のカロリン・リーヴィット（Karoline Leavitt、１９９７年－ 27歳）、すでに取り上げた国境管理の責任者であるトム・ホーマン、大統領次席補佐官スティーヴン・ミラー、ＣＩＡ長官ジョン・ラトクリフ（アメリカ・ファースト政策研究所にも所属）である。

「プロジェクト２０２５」の柱である官僚機構の改革、具体的には幹部職員の解雇、総入れ替えは、「スケジュールＦ Schedule F」に基づいて実行される。すでに大規模な退職勧奨が行われているが、スケジュールＦは、各政府機関の幹部クラスの職位を雇用が保障されない、政治任用 political appointment（ポリティカル アポイントメント）に切り替えるというものだ。第１次政権下でも導入しようとしたが、この時は失敗している。これまで政治任用職は全体で４０００名程度であったが、スケジュールFによって10倍以上の約5万名に拡大される（NHK2024年4月8日付記事「キャリア官僚大量解雇？ トランプ氏発言で揺れるアメリカ」）。

そして、第2次トランプ政権が発足してすぐにこのスケジュールFを実行しようとしている（共同通信2025年1月21日付記事「千人以上の大量解雇へ大統領令 トランプ氏、支配強化狙い」）。第1次政権での失敗を踏まえて、実行スピードを最優先しているようだ。

政治任用は、日本語では猟官制度 spoils system（スポイルズ システム）と呼ばれ、アンドリュー・ジャクソン（Andrew Jackson、1767－1845年、78歳で没、在任：1829－1837年）大統領時代に導入された。ジャクソン大統領時代にデモクラシーが確立し、ジャクソニアン・デモクラシー Jacksonian Democracy と呼ばれる。その柱が政治任用である。トランプ大統領は、アンドリュー・ジャクソンを敬愛し、大統領執務室の壁にジャクソンの肖像画を飾っている。トランプ政権は、このジャクソニアン・デモクラシーを復活させようとしている。

第2次トランプ政権で進めようとしているのは「維新」だ

私は、トランプが進めようとしているのは、大きく言えば、アメリカ国内における「維新（いしん）」だ。就任式での演説を聞き、そのように考えるようになった。「維新」という言葉を英語にすると、「restoration（レストレイション）」だ。明治維新を英語で言えば、「Meiji Restoration」となる。「restoration」という単語の意味を英和辞書で調べると、「復元、回復、復旧、再興、元に戻すこと」だ。明治維新は「王政復古の大号令」（1867年）から始まった。これは、鎌倉幕府以来、江戸幕府まで続いてきた武家政治を廃して、天皇中心の体制に戻すということだ。トランプにとって、第2次トランプ政権は、「古き良きアメリカ」の復活（これがまさにMake America Great Again）、再興を行おうとする試みである。

トランプが再興を目指す古き良きアメリカ、偉大なアメリカとは、19世紀前半のジャクソニアン・デモクラシー、具体的には1900年前後のアメリカであり、その再興を目指した1980年代のロナルド・レーガン（Ronald Reagan、1911-2004年、93歳で没　在任：1981-1989年）政権の政策を踏襲（とうしゅう）しているのは当然のことだ。

レーガン政権の踏襲を示す1つの例は、「強さによる平和 Peace through Strength（ピース スルー ストレングス）」という言葉をトランプが使ったことだ。この言葉は、1980年の大統領選挙で、ロナルド・レーガン陣営が使った言葉だ。これは、現職のジミー・カーター（Jimmy Carter、1924-2024年、100歳で没　在任：1977-1981年）を対外的に弱腰として攻撃するためのものだった。

「強さによる平和」は、強さを見せつけることで、相手に手を出させない、もしくは問題を起こさせないということだ。大統領就任式の演説で、トランプは「アメリカは地球上で最も偉大で、最も強力で、最も尊敬される国家としての正当な地位 rightful place（ライトフル プレイス）を取り戻し、全世界の畏怖（いふ）と称賛を鼓舞することになる」（翻訳は引用者）と述べた。「畏怖と称賛」はトランプとトランプ支持者たちが望む評価と重なるだろうと私は考える。そして、これを詳しく見れば、アメリカ国民から欲するものは「称賛」であり、それ以外から欲するものは「畏怖」だ。アメリカ国民には黄金時代をもたらし称賛を浴びようとし、アメリカの国境の壁の外側には厳しい要求で畏怖を覚えさせる、これがトランプ政権の基本となる。

第3章

トランプ大統領返り咲きはどうやって実現できたのか

共和党「トリプル・レッド」の圧倒的優位状態の誕生

2024年、世界各国で国政レヴェルの重要な選挙が実施された。台湾、インドネシア、インド、フランス、イギリス、日本といった国々で選挙が実施され、台湾、インドネシア、イギリスなど指導者が交代する国もあった。中でも、世界にとって最も大きな影響を及ぼす選挙がアメリカ大統領選挙（2024年11月5日投開票）だった。2024年の早い時点で、共和党はドナルド・トランプが候補に早々と決まり、民主党は現職のジョー・バイデン大統領（当時）が再選を目指しながらも6月の討論会で一気に失速し、カマラ・ハリス副大統領が代わりに候補となった。結果は、ドナルド・トランプの勝利となり、132年ぶりの大統領の「返り咲き」となった。英語では「復帰・帰還 return（リターン）」とか「不連続の任期を務める大統領（non-consecutive presidency（ノンコンゼクティヴプレジデンシー））」などと書かれていた。

アメリカで、大統領の任期を1期だけ務めて、2期目を目指して敗れ、そこから返り咲くことは、ほぼ不可能だ。一度、「負け犬 underdog（アンダードッグ）」という印象がついてしまうとそれを払拭するのは難しい。また、大統領を目指す若い人間たちが返り咲きを許さないということもある。その不可能なカムバックを成し遂げたトランプは、まさに現代アメリカの「カリスマ

charisma（カリスマ）」となった。

アメリカ大統領選挙では、有権者による得票数ではなく、全米各州に配分された５３８名の選挙人electors（エレクターズ）の過半数２７０名を獲得した候補者が勝利となる。２０２４年の選挙の結果は、トランプ・ヴァンス陣営は３１２名、ハリス・ウォルツ陣営は２２６名となった。一般得票では、トランプ陣営が約７７２７万票、ハリス陣営が約７４９８万票となり、こちらでもトランプが勝利した。２０１６年の大統領選挙では、トランプ陣営が選挙人獲得数３０６名で勝利したが、一般得票では、トランプ陣営が約６２９８万票、ヒラリー・クリントン陣営が約６５８５万票という結果になった。一般得票は、人口が多い大都市部を抱える州で強みを持つ民主党が勝つことが多いが、２０２４年の場合は、一般得票でもトランプが勝った。これは、民主党優勢州でもトランプへの投票が多かったことを示している。

アメリカ政治では２０００年代から、共和党優勢州と民主党優勢州が如実に別れるようになった。アメリカの東西両沿岸州の大都市を抱える各州は民主党優勢州、アメリカ南部や中西部など田舎の各州は共和党優勢州ということになり、それぞれ20州くらいずつがそうなっている。これらの州ではよほどのことがない限り、最初から結果が分かっている。全国規模で争う大統領選挙にとって重要となってくるのは、「激戦州 battleground states（バトルグラウンドステイツ）」だ。激戦州では、支持率が拮抗し、選挙の度に共和党、民主党で勝者が入れ替わる。激戦州を制する者が選挙を制するということになる。

２０２４年大統領選挙では、五大湖周辺州のペンシルヴァニア州、ミシガン州、ウィスコンシン州、南部のノースカロライナ州、ジョージア州、西部のアリゾナ州、ネヴァダ州の7つの激戦州すべてでトランプが勝利した。トランプの圧勝、完勝となった。

また、同時に行われた連邦上下両院の選挙結果でも、どちらも共和党が勝利し、ホワイトハウス、連邦上院、連邦下院を共和党が掌握した。これを「トリプル・レッド Triple Red 」と呼ぶ人たちもいる。私はこれに加えて、連邦最高裁判所で、現在は保守派の判事が過半数を占めていることも合わせて、「クアドラプル・レッド Quadruple Red 」と呼びたい。アメリカの三権、立法、司法、行政すべてを共和党が掌握している。共和党の優位状態誕生の最大の貢献者はドナルド・トランプである。

トランプ当選を「的中させた」経緯

私は、２０２４年10月29日に、佐藤優（さとうまさる）先生との対談『世界覇権国　交代劇の真相』（秀和システム）を上梓した。この本は7月後半に佐藤先生と行った対談の内容を整理し、まとめたものだ。この本の中で、私たちは「トランプ当選で決まり」と断言した。その理由についても書いているので、是非手に取ってお読みいただきたい。大統領選挙後、「トランプ当選を当てましたね」という声を多くいただいた。大統領選挙の時系列での動きを含めて、私がどのように考えたのかを書いていきたい。

2024年7月後半当時の状況は、ジョー・バイデン大統領（当時）はその頃はまだなんとか再選を目指して、選挙運動を続けていた。しかし、6月27日にCNNがジョージア州アトランタ（CNNの本社がある）で実施した大統領選挙候補者討論会で見せた、とんちんかんな受け答えと衰えから、支持率が急激に低下し、身内の民主党内から「再選を諦（あきら）めろ」という声が高まっていた。そうした声がどんどんと強まっている時期だった。世論調査（ポールズ）pollsの結果でも、トランプに大きくリードされている状況だった。

これまで、大統領選挙の候補者討論会は、民主、共和両党が正式に候補者を決めた後、選挙の前の9月と10月に3回行われるのが通例だった。しかし、今回は、「両党ともに、実質的に候補者が決まっている」ということで、早い段階で討論会が実施されることになった。それを両陣営ともに受け入れたわけだが、私は、この討論会の前倒しの実施は、「バイデンの状態がかなり悪い。ごまかしごまかしで行っても、9月の討論会ではどうせ醜態を晒すことになる。その時点ではもう候補者入れ替えもできないし、敗北に向かうだけだ。それならばバイデンを早めに引きずりおろすしかない」と考えた側近グループが討論会を受け入れたのではないかと考えている。討論会前に外交日程を多く入れてしまい、体調不良に時差ボケだったとバイデン側は言い訳をしていた（『ロイター通信』２０２４年7月3日付記事「外遊後の時差ぼけで討論会『眠かった』、バイデン氏が説明」）。バイデンはどうしようもない状況に追い込まれた。

そして、ついに7月21日、バイデンが大統領選挙からの撤退を表明し、カマラ・ハリス副大統領（当時）を民主党の大統領選挙候補に指名するように求めた。時間がなかったために、民主党全国大会に出席する代議員たちのインターネット投票（8月1日から）という形で、駆け足でハリスが候補に決まった。そして、8月19日の民主党全国大会で正式に党の候補者に指名された。

一方、選挙戦では支持率でバイデンを上回っていた共和党のドナルド・トランプ前大統領（当時）については、7月13日にペンシルヴァニア州バトラーで開かれた選挙集会で演説中に銃撃を受けたが、奇跡的に右耳を負傷するだけで済むという暗殺未遂事件が起きた。この時に撮影された、巨大な星条旗（アメリカ国旗）を背にして、警護のシークレットサーヴィ

2024年10月に刊行された私と佐藤優先生との対談本『世界覇権国 交代劇の真相』はトランプ当選を断言して当てた

スの要員たちに囲まれ、耳から血を流しながら右拳（こぶし）を高く突き上げるトランプの印象的な写真がインターネット上で広く出回り、トランプの強力なリーダーシップに対する期待が高まった。私はこの事件がトランプ当選を決定づけたと考えている。

リーダーにとって、「運」という要素は極めて重要であり、トランプは「強運（きょううん）」を持った人物であるということをアメリカ国民も評価するだろうと考えた。また、各種世論調査で「経済についてはトランプとバイデン（ハリス）とどちらが期待できるか」という質問については、一貫してトランプ支持が多かったということもあり、物価や住宅費の高騰で、生活苦に陥った、多くの一般国民はトランプを選ぶだろうとも考えていた。

このような状況下で、私と佐藤先生との対談が行われた。私たちは「ドナルド・トランプの当選で決まり」ということで意見が一致した。その後、8月、9月と選挙戦が進む中で、日米両国、いや、文字通り世界中のマスコミが、「カマラ・ハリスの支持率が急上昇」「トランプ危うし」ということばかりを報道していた。裏話になるが、本の発刊スケジュールが10月末と決まっている中で、「トランプ勝利と断言したことは時期尚早だったか」と心中穏やかではなかったことを告白する。この頃、「アメリカの大統領選挙の結果はどうなりますか」と質問されるのが憂鬱（ゆううつ）だった。

しかし、私は、政治情報サイト「リアルクリアポリティックス *RealClearPolitics*」や『ザ・ヒル *The Hill*』誌のウェブサイトで、全米や各州での世論調査の結果を毎日チェックしながら、「マスコミが報じているほど、カマラ・ハリスの支持率は伸びていないし、トランプとは大接戦となっている、ハリスの人気は高くない」という感触を持っていた。

私が今回の大統領選挙期間中に、特に注目したのは、激戦州のうちのペンシルヴァニア州とジョージア州だった。この2つの州をトランプが取ればトランプの勝ちだと予測した。トランプが必ず勝つ、共和党優勢州（レッド・ステイト、Red States）の選挙人数を足し上げていき、ペンシルヴァニア州とジョージア州の選挙人を足せば、過半数の270名を超えると計算した。対談の中で、佐藤先生に選挙の見通しを聞かれて、そのように答えた。結果としてはまさにその通りになった。これは手前味噌になって恐縮だが、大統領選挙の直前に発売になった『世界覇権国 交代劇の真相』を読んだある知人が、「大統領選挙の開票速報が進む中で、君の言うとおりになっていくのを見ながら興奮したよ」と言ってくれたことを私はこれからずっと忘れないだろう。

私がトランプ当選を確信したのは、2024年10月26日付の世論調査の数字の平均を見た時だ。全国規模の世論調査の数字の平均は、8月5日にハリスがトランプをリードしてから、数字がどんどん大きくなっていったのだが、その後、トランプが持ち直し、選挙直前の10月26日にトランプが再逆転した。全米規模の世論調査でトランプが再逆転したということは、トランプに追い風が吹いている、ハリスが選挙直前になって向かい風を受けて大失速しているという手ごたえを感じた。

さらに、2024年10月末、私は、アメリカのメディアでハリス悲観論が出ていることを発見した。政治情報サイト『ザ・ヒル』に、「なぜ民主党は負けるのか? それは傲慢さだ。(Why are the Democrats losing? Hubris.)」(2024年10月24日付)、「ハリスはニューヨーク・タイムズとシエナ・カレッジの最新世論調査で不安を感じる兆候を見る(Harris sees troubling signs in latest New York Times/Siena poll)」(2024年10月25日付)という記事が連日掲載され、それらを読みながら、「民主党は相当旗色が悪いのだろう」と推測することができた。世論調査の数字でトランプがハリスを再逆転した日と、これらの記事が発表された日が同じということで、私は相当自信を深めて、大統領選挙当日を迎えた。

アメリカは国内に時差がある。ニューヨークのある東海岸とロサンゼルスがある西海岸では3時間の時差がある。ニューヨークの夜の9時は、ロサンゼルスでは夕方の6時だ。選挙の開票は東海岸から進んでいく。私が最重要だと考えていたペンシルヴァニア州とジョージア州は早い段階でトランプ優勢が伝えられ、私はトランプ勝利を確信した。以上が、昨年の大統領選挙で私がトランプ勝利と考えた経緯だ。

アメリカの有権者の不満をキャッチしたトランプ、それができなかったバイデンとハリス

大統領選挙の結果について、さまざまな分析がなされている。どうしてトランプが勝ったのかについては、選挙の際の「出口調査 exit polls（エグジットポールズ）」の結果で、ある程度の分析ができる。『ザ・ヒル』誌２０２４年11月18日付記事「２０２４年大統領選挙について各社出口調査が語っていること（What the exit polls say about the 2024 election）」では、新聞社やテレビ局など各メディアが行った、出口調査の結果を簡潔にまとめている。長くなるが、重要な部分を以下に引用する。

出口調査はトランプ大統領の勝利の背後にある最大の理由を明らかにしている。有権者たちはカマラ・ハリス副大統領と民主党の左派によった綱領（left-leaning platform（レフト リーニング プラットフォーム））を拒否した。この綱領は経済をほとんど無視しながら進歩的な社会問題に力を入れるものだった（doubled down on progressive social issues while largely neglecting the economy.）。

その代わりに、経済や移民問題といった生活に密着した台所のテーブルに関する諸問題 kitchen table issues（キッチン テーブル イッシューズ）に焦点を当てたトランプは、中絶の権利に焦点を当てたハリスや民主党よりも、特にハリスが勝利するために必要とした若年層、ヒスパニック系、黒人有権者に対して大きな効果を発揮した。

言い換えるならば、出口調査は、民主党にとって重要な支持基盤であるはずの有権者グループの間でさえ、意向を正しく読み取ることに失敗したことを示している。彼らは、2024年は2022年に似ていると想定していた。2022年は、中絶の権利をめぐる争いがインフレへの懸念をかき消し、全米で民主党を押し上げた。

（中略）

ハリスと民主党が明確な経済政策を打ち出せなかったことは、この2つの票田（ヒスパニック系とアフリカ系アメリカ人）に特に大きなダメージを与えた。実際、ヒスパニック系有権者の40％が、経済が自分の投票にとって最も重要な問題であると答えており、CNNによれば、これは全米の有権者全体よりも8ポイント高い。

（中略）

同様に、伝統的に民主党の信頼できる有権者である若い有権者も、ハリスと民主党のメッセージ発信には動かなかった。ニューヨーク・タイムズの分析によると、「18～34

歳の人口が多い」郡は、トランプ支持に6ポイント動いた。

特に30歳未満の有権者について見ると、ハリスはこれらの有権者の支持を勝ち取ったものの、彼女の獲得した11ポイント差は、4年前のバイデンの24ポイント差の約半分にとどまった。

ペンシルヴァニア州、ミシガン州、ウィスコンシン州といった「青い壁 Blue Wall（ブルーウォール）」の州と呼ばれる各州では、民主党はハリスが選挙人270人を超えることを期待していたが、若い有権者のシフト（移動）はさらに顕著だった。

（中略）

中間選挙とは異なり、大統領選挙はほぼ常に経済と現政権をめぐる国民投票 referenda（レファレンダ）であり、ハリスが苦戦したのはまさにここだった。

タフツ大学の世論調査によれば、30歳以下の有権者が今回の選挙の争点として挙げたのは、中絶よりも経済であり、その割合はほぼ4対1（40%対13%）となった。

ハーヴァード大学ケネディスクール政治学研究所の世論調査ディレクターであるジョン・デラ・ヴォルペが指摘するように、「私が実施した初期のフォーカス・グループから、トランプ政権下では若年層の財政が良くなるという生得的な感覚 innate sense（イネイトセンス）があった」ということだ。

（中略）

より大きなスケールで見れば、全米および激戦州の世論調査は、ハリスと民主党のより深い問題を明らかにしている。有権者が、食卓に食べ物を並べられるかどうかや、管理されていない南部国境の脅威よりも、中絶のような問題を優先してくれることを期待し、手遅れになるまで間違った問題を優先したのだ。

（翻訳は引用者）

この記事から分かることは、共和党のトランプは、アメリカの有権者にとって身近で切実な問題、例えば経済問題や不法移民問題を適切に取り上げたが、民主党のハリスは、身近な問題ではなく、多様性の問題や妊娠中絶問題、人権問題など、社会的な諸問題を取り上げて訴えた。それを国民は納得せず、民主党の支持基盤である、ヒスパニック系などのマイノリティも支持しなかったということだ。ヒスパニック系の人々もまた、不法移民に対して厳しい判断を下した。民主党はＤＥＩ（Diversity, Equity, Inclusion）、「多様性、公平性、包括性」を重視し過ぎて、足元の問題を忘れてしまったということになる。また、社会問題に対する主張（建国の父たちへの批判や、奴隷子孫への賠償、移民の積極的な受け入れなど）が一般国民の感覚から乖離して、急進的になっていたということもある。文化戦争culture warと呼ばれる深刻な状態になっている。リベラル派による行き過ぎた行為については、『分断国

民主党の反主流派のバーニー・サンダースは「民主党が労働者階級を見捨てたのだから、労働者階級が民主党を見捨てたのは当然だ」と厳しく批判した

サンダースは民主党内の「進歩主義派」であり、「ポピュリスト」であり、トランプも一目置く存在だ。

家アメリカ　多様性の果てに』（読売新聞アメリカ総局、中公新書ラクレ、２０２４年）に詳しい。

２０１６年、２０２０年の大統領選挙民主党予備選挙に出馬し、進歩主義派を糾合して健闘した、バーニー・サンダース（Bernie Sanders、１９４１年－ 83歳）連邦上院議員（ヴァーモント州選出、無所属）は、「民主党が労働者階級を見捨てたのだから、労働者階級が民主党を見捨てたのは当然だ」と厳しく批判した（『ザ・ヒル』誌２０２４年11月６日付記事「サンダース：民主党は『労働者階級の人々を見捨ててきた』（Sanders: Democratic Party 'has abandoned working class people.')」）。サンダースは民主党内の「進歩主義派 Progressives（プログレッシヴズ）」であり、「ポピュリスト Populists」であり、反主流派である。トランプは民主党主流派、エスタブリッシュメントに対して厳しい言葉遣いで攻撃するが、サンダースには一目置いている。

ハリスは現職の副大統領で、バイデンを批判することができず、バイデンと自分をはっきりと区別することができなかったために、物価高や住宅費高騰について、はっきりとした態度を示すことができなかったということはある。それを気の毒だったとする論調もある。結局、バイデンが受けるはずの批判を受け、選挙に負けたのはハリスということになった。

『ザ・ヒル』誌の２０２４年11月６日付記事「民主党優勢州の結果はハリスと民主党にとって残酷な夜を浮き彫りにしている（Blue state results underscore brutal night for Harris, Democrats）」によると、民主党優勢州 Blue States で、ハリスは勝利できたが、２０２０年のバイデンの時と比べると、票差がかなり縮まった、トランプがかなり追い上げたということだ。ニューヨーク州を例に取ると、２０２０年のバイデンはトランプに23ポイントの差をつけて勝利したが、２０２４年のハリスは11ポイント差での勝利だった。ニュージャージ州では２０２０年は16ポイント差の勝利だったのが、２０２４年には5ポイントまで縮まった。全米50州にある約３０００の郡 county（カウンティ）で見てみると、ほぼ全部で２０２０年に比べて「共和党のトランプに移動した」という結果になっている。民主党支持者の間でもハリスは不人気だったのだ。事前の報道では、ハリスがトランプをリードなどとなっていたが、これならば、まだバイデンが出たほうが良かったのではないか、もしかしたら、まだ勝負になったのではないかと考えられる。

バイデンからハリスへの大統領選挙候補交代は不安材料だらけだった

『世界覇権国　交代劇の真相』の第2章で、私と佐藤優先生は、民主党の大統領選挙候補者となったカマラ・ハリスについて分析したのだが、その内容はまさに「カマラがなぜ負けたのかの敗因分析」となっていた。繰り返しになるが、対談は7月後半に行われていた。冷静に判断すれば、ハリスはマイナス面が多い候補者だったということになる。

私は本の中で、カマラ・ハリスが選挙に強くないという点を指摘した。ハリスは、２０１６年にカリフォルニア州の連邦上院議員に当選したが、民主党が優位に立っているカリフォルニア州では民主党の候補者に選ばれた時点で当選は確実だ。激しい選挙戦ということはない。そしてハリスは、２０１９年1月末に、２０２０年大統領選挙の民主党予備選挙に出馬表明を行い、当初は知名度や経歴から有力候補の1人と目されていたが、政策上の立場が曖昧で、討論会でも埋没したために、支持率が上昇せず、それに伴って選挙資金も集まらないという苦境に陥った。そして、最終的に２０１９年12月3日に選挙戦からの撤退を表明した。ハリスのスタッフの交代が激しく、人望がないということも報じられていた。２０２０年2月から始まった予備選挙に参加できずに撤退を余儀なくされたということは、ハリスが政治家として力を持っていないということを示しているのだが、副大統領に選ばれたことで、実像よりも過大評価をされてしまったという面がある。

佐藤先生の視点で興味深かったのは、ハリスがキャリアを地方検事からスタートさせて、カリフォルニア州司法長官Attorney General of California（アトーネイ ジェネラル）まで上り詰めたことで、白か黒か、良いか悪いかの二元論で、権力を背景に力でねじ伏せる成功体験しかないために危険だというものだ。佐藤先生は戦前の日本の首相だった平沼騏一郎（ひらぬまきいちろう）（1867－1952年、84歳で没 在任：1939年1月－8月）と対比させている。平沼は日独伊三国防共協定を結んでいるドイツが、日本と敵対するソ連と独ソ不可侵条約を結ぶ事態となったことを受けて、「欧州の情勢は複雑怪奇なり」ということで内閣総辞職をした。平沼も検事上がりで、司法大臣まで務めた司法界のエリートで、首相にまで上り詰めたのだが、一筋縄ではいかない国際関係についていけずに退陣となった。佐藤先生は、検察官が持つ硬直性（こうちょくせい）が政治家には向かないと指摘していた。

この分析は私にとって新鮮だった。そして、考えてみると、カマラ・ハリスに対する人々の持つ印象もこれなのだろうと考えた。ハリスは音楽が流れていると調子を取って軽くダンスをしたり、下品なほどに大口を開けて笑ったりするという姿を見せていた。私はこれがカリフォルニア流であろうと考えたが、今から思えば、政治に対する「自信のなさ」を隠すための大袈裟な動きだったのだろうと思う。大袈裟な動きを見せた後に、いざ演説ということになると、極めて凡庸な内容しか話せず、トランプのような当意即妙さもなく、メディアに取り上げられて報道されるような、人々を引き付けるような言葉もないので、一種のアンバランスさを感じた。融通が利かないなら、それなりに行動して、実直さを見せるほうがまだうまくいっただろう。

『ザ・ヒル』誌に、選挙の直前、２０２４年10月31日付記事「民主党はハリスの勝利を望みながらも指弾を始めた（Democrats start to point fingers even as they hope for Harris win）」という記事と、２０２４年11月２日付記事「ハリスの勢いを打ち砕いた２つの決断（The 2 decisions that crushed Harris's momentum）」という記事が掲載された。これらの記事では、民主党内部で、ハリス当選に対する悲観論が蔓延し、批判や罵り合いが起きていると報じられた。表舞台やメディアでは「カマラを女性初の大統領に！」「カマラがリード」という言葉が躍っていたが、民主党内部では選挙の投開票の前に、「もうダメだ」という諦め、不満、怒りが沸き起こっていた。

これら２本の記事の内容を見てみると、「民主党はハリスの勝利を望みながらも指弾を始めた」では、選挙戦の終盤において、民主党内部では、カマラ・ハリス敗北が想定され、水面下で批判合戦、責任のなすりつけ合いが起きているということだった。具体的には、民主党内部では、(1)経済について、ハリス陣営から明確なメッセージが出せていないこと、(2)ジョー・バイデンの撤退の決定が遅すぎたこと、(3)急な候補者変更で予備選挙が実施できなかったこと、(4)激戦州であるペンシルヴァニア州の州知事ジョシュ・シャピロを副大統領候補に選ばなかったこと、について、批判が起きているという内容だった。私はこの記事の中の次の部分こそは重要だと考える。以下に引用する。

繰り返しになるが、これは民主党員の述べた言葉だ。そうするように命じられたから、彼らはただ「受け入れる」しかなかった。そして、民主党全国委員会、バラク・オバマ元大統領、ナンシー・ペロシ連邦下院議員(カリフォルニア州選出、民主党)、チャック・シューマー連邦上院多数党(民主党)院内総務(ニューヨーク州選出、民主党)の裏取引 backroom dealings(バックルーム ディーリングズ)によって、オープンな全国大会実現の希望はさらに打ち砕かれた。(翻訳は引用者)

このような裏取引の直後、すべての不満を持つ民主党員たちは、ハリスが予備選で1票も獲得することなく、失速したジョー・バイデン大統領の後任としてマシーン the machine（ザ マシーン）によって任命されたことを受け入れなければならなかった。バイデンは7月21日、再選を断念し、後任にハリスを推薦すると正式に発表した。

私が『世界覇権国　交代劇の真相』の第2章で強調したように、民主党はもはやボス政治の横行する政党になった。私はこれまでの著書で、民主党全国委員会が、いかにヒラリー・クリントンやジョー・バイデンを依怙贔屓（えこひいき）してきたかを明らかにしてきた。民主党はエリートたちの政党になり、オバマ、クリントン、ヴェテランの議員たちが牛耳る政党になっている。貧しい人々や労働者、マイノリティの政党というアイデンティティは変質した。逆に、トランプの出現によって、金持ちや経営者、白人の政党であった共和党が、非エリートの、一般国民を代表する政党となっている。そもそもが、19世紀のニューヨーク市の「タマニーホール「Tammany Hall」に代表されるように、民主党は都市部の移民やマイノリティをまとめ上げ、そこにマフィアが絡みつき、ボス政治 bossism（ボシズム）を行ってきた歴史もある。ニューヨーク、シカゴ、サンフランシスコといった大都市とマフィアの関係については、日本人である私たちも映画や小説などを通じて、イメージを持っている。

民主党は「民主 democratic（デモクラティック）」という言葉を掲げながら、実際には、一般有権者や党員の意向ではなく、ボスたちの意向で重要なことが決定されている。バイデンからハリスへの候補者交代にしても、ボスたちの「裏取引」で決まったというのは、進歩主義的、もしくはリベラルな民主党支持者にとっては受け入れられないことだっただろう。

「自分だったら勝っていただろう」と任期の最後になって言い出したバイデン

民主党内のボスたちから引きずりおろされたバイデンは無念だったことは容易に想像できる。バイデンは、自分もまた民主党内のボスであるにもかかわらず、自分を引きずり下ろすために動いた、バラク・オバマや、長く連邦下院議長を務めたナンシー・ペロシ（Nancy Pelosi、1940年－　84歳）下院議員に対して激怒していた。2025年1月9日にワシントンDCで開かれたジミー・カーター元大統領の葬儀でも、バイデンとオバマはよそよそしいままだった。バイデンが、オバマよりも、さらに怒りを向けたのがペロシだった。産経新聞2024年8月21日付記事「米民主党大会、ハリス氏支援で結束アピールも　バイデン氏撤退巡りすきま風」によると、ペロシが自分の手下の議員たちに「バイデンが撤退してくれないと自分たちの選挙が危ない」と一斉に声を上げさせて、バイデン撤退の雰囲気を作ったことに、バイデンが「怒り心頭」になったということだ。

バイデンは、２０２４年8月の全国大会でペロシと一緒に壇上に上がらず、記者団から「ペロシに対して怒っているのか」と問われて、否定も肯定もしなかった。党の結束と大統領選挙勝利を最大限アピールする場になる全国大会で、お義理でも仲の良さをアピールできなかったということから、バイデンが本当に「怒り心頭」だったことがよく分かる。

バイデン政権で、ハリスは副大統領として、アメリカ南部国境問題を任されていた。不法移民を減らし、国民の不満を抑える役割が与えられたが、結局、何もできなかった。国境を抱える州の知事たちは、不法移民たちをニューヨーク市やシカゴ市などの聖域都市sanctuary city（サンクチュアリ シティ）に送った。ニューヨークは受け入れを続けたがそれも限界だった。バイデン政権後半では、結局、不法移民対策を強化することになった。ハリスは「無能」という評価を受けることになった。

バイデンがオバマ大統領の副大統領だった際には、上院議員を36年務める中で培った経験と人脈を活かして、連邦議会の民主、共和両党の指導部との折衝などを積極的に行った。ハリスはそういう仕事もできなかった。国政の経験がほとんどないハリスを副大統領に選んだのはバイデン自身なので、自業自得の面はあるが、ハリスの仕事の出来なさには辟易（へきえき）していただろう。

ハリスは7月下旬に大統領選挙の候補者になって、準備をする時間もないので、バイデンの選挙対策本部を「居抜き」で受け継いだ。バイデンが選挙からの撤退を表明したことを受けて、事務所に貼ってあった「バイデン・ハリス」と書かれたポスターやプラカードを悔しそうに撤去するスタッフたちの姿がメディアで報じられて、それを見た人も多いだろう。選挙対策本部のスタッフの士気が上がらなかったのは当然だ。

そして、最後の最後になって、バイデンは、「いたちの最後っ屁」のように、言いたいことを言い出した。それが「自分が候補者のままだったら、トランプに勝っていただろう」というものだ。選挙に出ることもできなかったのだから、「負け犬の遠吠え」そのもので恥ずかしい限りだが、そう言いたくなるのも分かる。これに対して、ハリスは「深い悲しみ」の言葉を周囲に漏らしたということだ。『中央日報日本語版』2025年1月17日付記事「『私ならトランプ氏に勝っただろう』バイデン大統領の発言に…ハリス氏『深い悲しみ』」から以下に引用する。

バイデン大統領は8日に発行されたUSAトゥデイとのインタビューで、昨年辞退せずに昨年の大統領選挙に出馬した場合、自身が勝利した可能性に言及し「そのように言うのは申し訳ないが presumptuous（プレザンプシャス）、そうだと考える」として「自身が検討した世論調査に基づいたもの」と話した。ただし4年間さらに在任する気力があるのかという質問には「分からない」と答えた。

バイデン大統領はその後も記者団の前で自身が昨年の大統領選挙に出たら「勝つことができたし、勝っただろう」と強調した。

「申し訳ないが」という最大限の皮肉の表現の中に、「お前じゃ無理だっただろう、馬鹿め、お前を推した馬鹿どもも同じだ」という怒りがよく出ている。しかし、高齢で衰えが明らかになっていたバイデンでは結局選挙に勝てなかっただろうし、仮にバイデンが勝っていたとしても2期目の任期を全うできたとは考えにくい。それでも、最後の最後で、何かを言ってやりたくなったのだろう。バイデンにしても、ハリスにしても、この調子では勝利などおぼつかなかったということになる。

カリフォルニア州を含むアメリカ西部出身者で、これまで民主党大統領選挙候補になれた人はいないというジンクスは破られず

私は、2019年初頭に、「民主党の大統領候補に、カリフォルニア州を含むアメリカ西

部出身者はなれない」というジンクス jinx の存在を知った。それは、ちょうど、2020年の大統領選挙の民主党予備選挙のプロセスがこれから始まるという時期のことだった。私は、『ザ・ヒル』誌2019年1月23日付記事「カマラ・ハリスは民主党が抱えるロッキー山脈の分断線に直面（Kamala Harris faces Democrats' Rocky Mountain divide）」を読んで、「確かに、これまで民主党優勢州であるアメリカ西部（太平洋岸）の各州の出身者で、民主党の大統領候補になった人がいない」という事実に気づかされた。

戦後の歴代のアメリカ大統領を見てみると、共和党側では、リチャード・ニクソン（Richard Nixon、1913－1994年、81歳で没　在任：1969－1974年）、ロナルド・レーガンがカリフォルニア州出身、カリフォルニア州を地盤として出馬し、大統領選挙に当選している。一方で、民主党は191年の歴史の中で、西部出身者は大統領選挙候補者になれず、従って、大統領にもなっていない。記事ではこのことを「障壁 barrier（バリアー）」と表現している。

共和党はずっと白人 WASP（ワスプ）男性が大統領候補になってきたが、民主党はアフリカ系アメリカ人（バラク・オバマ）と女性（ヒラリー・クリントン）が大統領候補になることで、障壁を壊してきた。民主党において、目立たないが最後まで残った障壁が、「ロッキー山脈を越えられない」障壁ということになる。共和党には地域的な障壁はないが、性別と人種の障壁は残っている。

アメリカ西部、特にカリフォルニア州は民主党の金城湯池（極めて守りが堅い場所）だ。また、経済や文化においてもアメリカの中心地とも言うべき存在だ。政治的に見ても、アメリカ大統領選挙の選挙人分配で見れば、カリフォルニア州は最大の54名が分配されている（2番目はテキサス州の40名）。これは全体（538名）の1割強である。民主党にとって重要な拠点であるが、そこから大統領候補が出ていないというのはどういうことか。この疑問に対しての答えになる箇所を記事から以下に引用する。

> 共和党は、カリフォルニア州、特にハリスとナンシー・ペロシ連邦下院議長（民主党）の地元サンフランシスコを政治が乱れている場所もしくはリベラリズムが狂乱している場所と揶揄している。このようなアメリカ西部を見下す態度は、かつて西部の過激主義を代表するある政治家を台頭させる結果になった。それがこれから起きるかもしれない。（翻訳は引用者）

アメリカ東部のエリートたちは西部を見下すという態度を取る。そのような態度に対して西部の人々は東部など古臭いと馬鹿にする。こうしたことによってロッキー山脈周辺州や西海岸の各州の出身者たちが障壁を突破できないようになってしまっている。

ここに私が1つ付け加えるならば、アメリカ屈指の大都市を抱える東部と西部は共に、中西部の田舎をまったく無視しているということだ。東部と西部は飛行機でつながって行き来しているが、中西部に関心がないので降りたこともない、そのような中西部の農業州などの田舎を示す言葉として「フライオーヴァー・ステイツ flyover states」と呼ぶ。東部と西部をつなぐ飛行機を、田舎の人々が見上げているイメージだ。彼ら（トランプを押し上げた貧しい白人労働者が主だ）からすれば、アメリカの東海岸も西海岸も言葉は通じるが、生活スタイルも考え方もまったく異なる。「外国 foreign country（フォーリン カントリー）」だ。

副島隆彦は、『国家分裂するアメリカ政治 七顚八倒』（秀和システム、2019年3月）で、アメリカは3つの国、東部国 Eastern Land（イースタン ランド）、中央南国 Central South Land（セントラル サウス ランド）、西部国 Western Land（ウエスタン ランド）に分裂すると予言している。東部国はヨーロッパとつながり、中央南国は農業国として生きていく。西部国はリベラル派が多数を占め、太平洋を挟んだアジア地域とつながっていく。この未来図は現実味を帯び、説得力を持っている。

カマラ・ハリスは2020年の大統領選挙民主党予備選挙では、自身の拠点であるサンフランシスコではなく、ワシントンDCから高速道路で1時間ほどの距離にあるボルティモアに選対本部を置いた。2024年の大統領選挙ではバイデンからの候補者交代ということで、選対本部をそのまま引き継いで、バイデンの地元であるデラウェア州ウィルミントンに置いた。しかし、選挙の投開票日当日の観戦イヴェントを、ワシントンDCにある母校ハワード大学で開いた。自分の拠点であるサンフランシスコが「過激なリベラリズム」の中心地として見られ、自分も「過激なリベラル」と見なされることを嫌ったためだと考えられる。ハワード大学は、アフリカ系アメリカ人の高等教育を担ってきた、黒人大学 black colleges and universities の名門で、「黒人大学の中のハーヴァード大学 black Harvard」と呼ばれるほどだ。

選挙の投開票日当日、ハワード大学には若者を中心に多くの人々が集まったが、選挙でハリス劣勢を伝えられる中で意気消沈（いきしょうちん）していく様子が報道された。そして、当日、主役のハリスは集まった人々の前に姿を見せて、敗北の弁を述べることもなく（翌日に行（おこな）ったが）、大学のキャンパス内で一晩を過ごすことになった人々を労（ねぎら）うこともしなかった。

アメリカ国内の分裂がより際立つようになっている

先述したように、アメリカ国内では、東部と西部、さらには中央部による分裂が起きている。そして、その状態は深刻さを増している。東部のエリートたちが西部を見下す、西部は東部を古臭いと見下すということがある。そして、中西部からすれば、東部も西部もエリートであって、考え方や生活スタイルが異なる。南北戦争が起き、第16代大統領エイブラハム・リンカーン（Abraham Lincoln、1809－1865年、56歳で没　在任：1861－1865年）が守ったアメリカの「統一 Union（ユニオン）」が揺らいでいる。

CNNの2024年11月6日付の記事「トランプの3回の選挙の解剖：アメリカ人は2016年・2020年と2024年に比べてどのように移動したのか（Anatomy of three Trump elections: How Americans shifted in 2024 vs. 2020 and 2016）」ではCNNが独自の出口調査を行った結果を公表しているが、性別、教育程度、居住地域において、分裂が進んでいる様子が明らかにされている。

2024年に、『シビル・ウォー　アメリカ最後の日 *CIVIL WAR*』（アレックス・ガーランド監督）という映画が日米で公開されて話題を呼んだ。アレックス・ガーランド（Alex Garland、1970年－　54歳）監督はイギリス人監督で、少し難しめの映画を作ることで知られている。アメリカ国内の分断が報道される中、「この分断の行きつく先は内戦 civil war（シヴィル ウォー）ではないか」というアメリカ国民の不安もあり、2024年4月にアメリカ国内で公開されるとスマッシュヒットとなった。日本では大統領選挙前の2024年9月に公開となった。

この映画の印象的なシーンは、ジャーナリストたちがワシントンDCに向かう途中で、武装した男性に捕まり、撃たれそうになった時に、「撃たないでくれ、私たちはアメリカ人だ（We Are American）」と叫び、武装した男性が「お前はどのアメリカ人なんだ？（What kind of American are you?）」と答えたシーンだ。

2004年の民主党全国大会で、当時、イリノイ州議会の上院議員に過ぎなかったバラク・オバマが演説を行い、名声を得た。そこから、連邦上院議員となり、大統領に駆け上がった。オバマは演説の中で、「リベラルなアメリカも、保守的なアメリカもない。あるのはアメリカ合衆国だ。黒人のアメリカ、白人のアメリカ、ラティーノのアメリカ、アジア人のアメリカもない。あるのはアメリカ合衆国だ」と述べ、満場の拍手喝さいを浴びた。

この演説から20年後、映画の中で「お前はどのアメリカ人だ」というセリフが使われ、現実感を持つようになっているのは、アメリカの分裂の厳しさを物語っている。そして、自由、平等、人権など、近代的「価値観 values（ヴァリューズ）」で人工的に形成された国家の脆弱性（ぜいじゃくせい）を示している。

2022年には、カリフォルニア大学サンディエゴ校教授バーバラ・F・ウォルター

2024年4月に公開された、アレックス・ガーランド監督『シビル・ウォー』は、内戦勃発寸前のアメリカの現状をあからさまに作品化していた

「お前はどういうアメリカ人なんだ（どこに所属しているアメリカ人なんだ？）」と問いかける兵士

(Barbara F. Walter、１９６４年-　60歳)が『アメリカは内戦に向かうか *How Civil Wars Start: And How to Stop Them*』(井坂康志訳、東洋経済新報社、２０２３年)を書いた。この本もまた、アメリカ国内で内戦が起きる危険性を指摘している。ウォルターは、完全に民主政でなく、完全に独裁制でもない、部分的民主政である「アノクラシー anocracy」の状態で、内戦が起きるとしており、アメリカがそうなりつつある(トランプの出現を念頭に置いている)と主張している。

アメリカの分裂が深刻化し、内戦に突入し、統一が失われ、やがて別々の国になっていくということは、１８６０年の南北戦争 The Civil War ですでに起きかけている。アメリカの統一の崩壊となれば、その影響は他国にも及ぶことになるだろう。国民国家 nation states が国際社会の単位となって久しいが、多くの国々で、マイノリティによる分離独立運動が激化するということも考えられる。国家という「幻想 illusion, imagination」が打ち壊されていくだろう。また、「民主政治体制 democracy こそ素晴らしい」という主張も揺らいでいる。民主政体を採用している国々の状況が不安定である一方で、非民主的な国家のほうが安定しているという状況がある。こうした価値観がこれから大きく揺らいでいくだろう。

２０２８年の大統領選挙の候補者たちに注目が集まる

２０２４年の大統領選挙が終わったばかりだが、早くも２０２８年の大統領選挙にも注目が集まっている。それは、次の選挙にはトランプが出馬できないからだ。アメリカ大統領はアメリカ合衆国憲法修正第22条の規定により、三選は禁止となっている。そのため、共和党も新しい候補者を出して戦うことになる。民主党は、２０２４年で敗れたカマラ・ハリスが再び挑戦するか、新しい候補者が出てくるかということになる。

トランプ政権が始まったばかりで、次の選挙の話をするのは気が早すぎると思う人もいるだろうが、アメリカ大統領選挙は長丁場で、１年以上の「マラソン」選挙となる。２０２８年２月に始まる民主、共和両党の予備選挙 presidential primary（プレジデンシャル プライマリー）で勝利して、党の候補者に指名されることを目指す。そのため、候補者たちは、２０２７年には選挙への立候補を表明して、選挙運動を行い、メディアでは討論会が実施される。今から、大統領選挙について注目するのは決して早すぎるということはない。

昨年（２０２４年）の11月末にエマーソン・カレッジが、民主、共和両党の支持者を対象にして、「2028年の大統領選挙で望ましい候補者は誰か」という世論調査を実施した。さすがに、「まだ決めていない」という答えが一番多かったが、それでも、複数の名前が挙がっている。

共和党では、J・D・ヴァンス副大統領が30％の支持を集めてトップとなった。2位には、フロリダ州知事ロン・デサンティス（Ron DeSantis、1978年‐　46歳）が入ったが、支持率は5％にとどまった。その他には、起業家で、2024年の予備選挙に出馬して注目を集めたヴィヴェック・ラマスワミ、ニッキー・ヘイリー（Nikki Haley、1972年‐　53歳）元国連大使、ロバート・F・ケネディ・ジュニア保健福祉長官の名前も挙がったが、支持率は低い数字にとどまった。上位5人の中で、3人はトランプに近い人物たちだ。2028年の大統領選挙ではトランプの後継候補としてヴァンスが出馬することになるだろう。有権者たちもヴァンスがトランプの後継者であると考えているようだ。一方、共和党内の反トランプ勢力はロン・デサンティスか、ニッキー・ヘイリーでまとまるしかないが、現状の支持率では、ヴァンスに勝って共和党の候補者になることは現状では不可能だ。

本書執筆中に、ヴィヴェック・ラマスワミが2026年のオハイオ州知事選挙への出馬を考慮しているという情報が入ってきた（『ザ・ヒル』誌2025年1月17日付記事「ラマスワミがオハイオ州知事選挙出馬を計画（Ramaswamy plans run for Ohio governor）」）。その後、正式に立候補を表明し、政府効率化省に関わらないことになった。

現在のオハイオ州知事マイク・デワイン（Mike DeWine、1947年−　78歳）は共和党所属で、任期制限のために、2026年の選挙には出られない。副知事のジョン・ハステッド（Jon Husted、1967年−　57歳）は、ヴァンスが副大統領になることで空席になったオハイオ州選出の連邦上院議員に指名されたので、ラマスワミが立候補する条件は整えられた。ラマスワミが共和党候補として出馬すれば当選するだろう。州知事選挙は2026年11月3日に実施予定だ。ラマスワミは選挙運動に注力することになる。

ラマスワミはオハイオ州知事として地方行政の経験を積むことになる。任期制限で、知事は2期8年までとなっているので、ラマスワミは2034年までしか知事を務められない。ラマスワミの狙いは2036年の大統領選挙出馬だろう。この時でもラマスワミの年齢は50歳だ。2期8年知事の任期を全うして、満を持して、大統領選挙の共和党予備選挙に立候補して戦挙戦を展開することができる。ラマスワミはオハイオ州シンシナティ生まれであり、アメリカ生まれという大統領選挙立候補に必要な資格を備えている（外国生まれのピーター・ティールとイーロン・マスクにはその資格がない）。ヴァンスが2028年の大統領選挙に当選して、2期8年を務めたら、その次の2036年の大統領選挙には、ヴァンスの盟友ラマスワミが出るという流れになるだろう。

第2章でも書いたが、国連大使を務めるエリス・ステファニクも第2次トランプ政権移行で、トランプ運動の中心人物となり、共和党の大統領候補、もしくは副大統領候補となる可能性もある。ステファニクはまだ40歳ではあるが、下院議員10年の経験を持ち、国連大使というアメリカの閣僚級の職務を経験することで、外交政策でも経験を積むことになる。ヴァンス、ラマスワミ、ステファニクという40歳の若者トリオが共和党を引っ張っていくことになるだろう。

民主党では、カマラ・ハリス前副大統領が37%でトップになった。ハリスが準備も十分にできない状態で、大統領選挙に出て7400万票を獲得したという点を評価する人も多い。2024年の大統領選挙が途中まで現職大統領対前大統領の戦いであったが、ヴァンスとハリスの対決となれば、スケールは小さくなるが、現職副大統領（ヴァンス）対前副大統領（ハリス）の戦いということになる。しかし、次の選挙までの4年間は短いようで長い。ハリスへの支持がこのまま保たれるということは考えにくい。

ハリスが次の大統領選挙を狙うならば、それまで何もしないという訳にはいかない。これ

2028年大統領選挙の有力候補者たち

共和党

J・D・ヴァンス
副大統領

ロン・デサンティス
フロリダ州知事

ヴィヴェク・ラマスワミ

ニッキー・ヘイリー
元国連大使

ロバート・ケネディ・ジュニア保健福祉長官

エリス・ステファニック
国連大使

からの4年間、何かしら公職に就いて、メディアに取り上げてもらうことで、人々から忘れ去られることを防ぐことができる。しかし、公職に就くのも難しい。カリフォルニア州選出の連邦上院議員の選挙は２０３０年まで実施されない。ハリスは上院議員だったが、返り咲きはできない。

そこで出てきているのが、ハリスのカリフォルニア州知事選挙出馬説である。『ザ・ヒル』誌２０２４年11月24日付「カマラ・ハリスの次はどうなるか？（What's next for Kamala Harris?）」という記事は、ハリス周辺を取材して、カリフォルニア州知事選挙への出馬を模索している様子を報じている。

ハリスの側近や支持者たちは、ハリスにカリフォルニア州知事選挙への出馬を勧めている。現在のカリフォルニア州知事は、大統領選挙の民主党側の有力候補のギャヴィン・ニューサム（Gavin Newsom、１９６７年－　57歳）だ。カリフォルニア州知事には任期制限があり（2期8年まで）、現職のニューサムは２０２６年の次の選挙には出馬できない。民主党は新たな候補者を立てねばならない。ハリスが望めば、知名度や経歴から、ハリスが民主党の予備選挙と本選挙で当選して、カリフォルニア州知事に就任することは確実だろう。２０２６年に州知事になると、２０２８年の大統領選挙に出馬することは難しくなるが（任期を半分しか務めていないことになる）、その次の２０３２年を狙うこともできるとハリスの周辺では

2028年大統領選挙の有力候補者たち

民主党

カマラ・ハリス
前副大統領

ギャビン・ニューサム
カリフォルニア州知事

ピート・ブティジェッジ
前運輸長官

グレッチェン・ウィッ
トマー ミシガン州知事

ジョシュ・シャピロ
ペンシルヴァニア州知事

考えているようだ。

ここまで都合よくいくことはないだろうし、2032年にハリスが大統領選挙候補になれるかは分からないが、2032年でも68歳ということで、2016年の大統領選挙で民主党の候補者になったヒラリー・クリントンと同じ年齢での出馬ということになる。ハリスの周辺はまだまだ大統領選挙出馬を諦めていない。

ハリス以外の人物では、カリフォルニア州知事ギャヴィン・ニューサムが支持率7%で2位に入った。3位には、バイデン政権で運輸長官を務めたピート・ブティジェッジ（Pete Buttigieg、1982年－　43歳）、4位にはミシガン州知事グレッチェン・ウィットマー（Gretchen Whitmer、1971年－　53歳）、ペンシルヴァニア州知事ジョシュ・シャピロ（Josh Shapiro、1973年－　52歳）と続いた。これらの人々は、カマラ・ハリスが大統領選挙の候補者に内定した際に、副大統領候補として名前が挙がった人々だ。結局は、ミネソタ州知事ティム・ウォルズ（Tim Walz、1964年－　60歳）が選ばれたが、次の選挙に向けて、民主党は人材を温存したという見方もある。

2028年の大統領選挙最有力候補と見なされてきたニューサムは、リベラルな風土のカルフォルニア州の知事としては人気が高いが、全米レヴェルでどれだけアピール力があるかが未知数だ。アメリカ西海岸出身者は、民主党の大統領選挙候補者にはなれないというジンクスはハリスが破ったが、ハリスは言ってみれば、「超法規的措置」で候補になったのであり、きちんと予備選挙の手順を踏んでの選出ではなかった。ニューサムの前途には、全国的な知名度が低いこと、リベラルすぎるカリフォルニア州出身ということが中西部の人々から忌避される可能性があることという、ハリスも苦しんだ要因が待ち構えている。

本書執筆中に、1月7日から全米屈指の大都市ロサンゼルス近郊で山火事が発生し、火事の拡大によって高級住宅地の多くが焼失するという事件が起きた。私事で恐縮だが、私はロサンゼルスにある南カリフォルニア大学に留学していたこともあり、日本でも馴染み深いハリウッドサインや、大リーグの名門で大谷翔平選手や山本由伸投手が所属するロサンゼルス・ドジャースの本拠地であるドジャースタジアムにも火の手が迫る様子にはショックを受けた。山火事への対応ではニューサム知事やロサンゼルスのカレン・バス（Karen Bass、1953年-　71歳）ロサンゼルス市長への批判は高まっている。ニューサムが大統領選挙に出馬すれば、州知事としての対応に批判が集まり、それを乗り越えることは難しいだろう。ニューサムは大統領選挙の候補者レースから脱落したと言ってよいだろう。

ウィットマーは、民主党にとって重要な「青い壁」（ペンシルヴァニア州、ミシガン州、ウィスコンシン州）の一角を占めるミシガン州の知事を務めている。自身を「進歩主義派」と規定し、知事としてインフラ整備や医療制度の維持に重点を置いている。新型コロナウイルス対策では徹底したシャットダウンを行った。大統領時代のトランプがウィットマーを批判し、ウィットマーが反論するということもあった。また、極右グループが厳しい新型コロナウイルス対策に不満を持ち、ウィットマーの誘拐を計画するという事件も起きた（『ブルームバーグ日本版』２０２０年10月9日付記事「米ミシガン州知事の拉致企てたとして13人を逮捕ー爆破なども計画」）。中西部出身の「女傑」という評価である。

ピート・ブティジェッジは２０２０年の大統領選挙で注目を集めた。ハーヴァード大学を優秀な成績で卒業し、アメリカのエリートの登竜門であるローズ奨学金 Rhodes Scholarship を得て、イギリスのオックスフォード大学に留学し、経済学、哲学、政治学で学士号を取得した。２００７年から２０１０年にかけては、コンサルティング会社マッキンゼーに勤務した。その後、２０１２年に生まれ育った、インディアナ州北部のサウスベンド市に戻り、29歳で市長に当選した。２００９年にはアメリカ海軍の予備役将校になり、市長在任中に休職する形で、２０１４年には情報将校として、アフガニスタンに派遣された。

ブティジェッジは同性愛者であることを公表し、同性婚をし、養子を迎えている。主張としては民主党中道派で、過度なＤＥＩ（多様性、公平性、包括性）政策を主張しない。２０２０年の大統領選挙民主党予備選挙に出馬した際に、大学の無償化について、「大学に進まない人たちも支払う税金で賄うのはおかしいのではないか」と否定的な見解を述べた。

ジョシュ・シャピロは、ペンシルヴァニア州の司法長官から知事に転身した人物だ。最低賃金の引き上げや教育への投資を行い、併せて減税も行った。災害や大規模な事故対応でも堅実な手腕を見せた。民主党所属の知事ではあるが、過度なＤＥＩ政策を実施せず、幅広い層から人気を集め、「穏健な民主党員 moderate（モデレイト） Democrat（デモクラット）」という評価を得ている。ハリスの副大統領の最有力候補とも見られており、ハリスがシャピロを選ばなかったのでハリスは大統領選挙に負けたのだという声もある。

イスラエル・ガザ紛争勃発後に、シャピロがイスラエルを強力に支援する姿勢を示したために、民主党内部から批判の声が上がっている。民主党支持の若年層はイスラエル批判を強めており、シャピロが親イスラエル姿勢を取っているため、民主党内部からも批判を受けているが、イスラエル支持の姿勢を崩していない。シャピロはユダヤ系の高校を卒業し、そこで妻と出会っている。穏健で中道派ではあるが、大統領選挙の民主党予備選挙に出馬する場合に、激しい批判に晒される可能性がある。

民主党系の候補者たちを見てみると、「アフリカ系アメリカ人の大統領は受け入れた。それでは、女性、同性愛、ユダヤ系を大統領として戴くことを受け入れられるのか」という疑問が出てくる。女性はすでに大統領選挙候補者になっているが、同性愛者とユダヤ系を選べるかどうかが焦点となる。アメリカ全体が「保守的」になっている中で、同性愛者とユダヤ系が大統領（候補）になるのは難しいのではないかと私は考えている。

そうなると、2028年の大統領選挙は、ミシガン州のグレッチェン・ウィットマー知事を押し立てて、ペンシルヴァニア州のジョシュ・シャピロ知事が支援する形で、具体的には副大統領候補になって、戦うというのが、民主党の選択になるだろう。民主党にとっては「青い壁」と呼ばれる五大湖周辺のペンシルヴァニア州、ミシガン州、ウィスコンシン州共和党側は、こちらも中西部出身のＪ・Ｄ・ヴァンス副大統領が有力であり、中西部対決ということになる。

まとめると、2028年の大統領選挙は、共和党はヴァンス副大統領と民主党はウィットマー知事の戦いということになるだろう。2028年の大統領選挙は五大湖周辺州の出身者たちの対決ということになると私は予想している。トランプ主義の継続か、民主党に代わっての路線変更かということになるが、この4年の間に何が起きるか分からないので、結果の予想はしないが、2024年の大統領選挙よりも接戦になる可能性はある。

本章では、2024年のアメリカ大統領選挙について振り返り、トランプ勝利とハリス敗北の要因について分析した。そして、バイデンにしても、ハリスにしても、勝利の可能性はなかったことを明らかにした。2024年のアメリカ大統領選挙で見えてきたのは、アメリカ国内の分裂の厳しさである。アメリカは国内分裂から、統一の維持も怪しくなっていく。近代的な価値観が揺らぐ中で、それらの価値観を元にして作られた国家であるアメリカの存在もまた揺らぐことになる。アメリカは3つに分裂するという姿が現実味を帯びている。そうした中で、2028年の大統領選挙では、トランプ政権の副大統領J・D・ヴァンスがトランプの後継者として出馬し、民主党はミシガン州のグレッチェン・ウィットマー知事が、五大湖周辺州の奪還のために出てくることになるだろう。

第4章

トランプの大統領復帰によって世界情勢は小康状態に向かう

対外政策も「アメリカ・ファースト」

ドナルド・トランプ大統領の返り咲きで、世界情勢はどうなるかということは、日本を含む世界中の人々の大きな関心事だ。私も昨年の大統領選挙直後から、「世界はどうなりますか」「日本はどうなりますか」という質問を多く受けてきた。私は「トランプという人は予測不可能ですから」と答えてきた。最近では、「世界が動乱状況になるのではないか」という不安を口にする人もいた。私は「第1次トランプ政権においては、大きな戦争は起きませんでした。大統領選挙期間中はウクライナ戦争やイスラエル・ガザ紛争について停戦を求める発言をしてきました。だから、世界は小康状態になるでしょう」と答えるようにしている。実際に、これからどのようになっていくかについて、この章では考えていきたい。

私は、トランプ政権の対外政策の基本は「アイソレイショニズム」であり、「モンロー主義 Monroe Doctrine」だと考えている。アメリカは、大きな影響力を持つが、それを西半球 Western Hemisphere に限定して行使しようとしており、カナダ、グリーンランド、パナマ運河をめぐる、トランプの発言はこのことを示していると私は見ている。トランプはアメリカを世界から退かせようとしている。そして、各国に対して、同盟国であろうが、敵対国であろうが、アメリカからの条件を突き付けて、交渉 negotiation（ネゴシエイション）や取引 deal（ディール）を行おうとしている。どの国も甘やかされることはない。それは当然だ。国際関係においては「友達」は必要ない。歯の浮くような「友人」「TOMODACHI」というような言葉を使って、実態を見えなくするというようなことはトランプ政権では起きないだろう。日本も例外ではない。

私は、拙著『バイデンを操る者たちがアメリカ帝国を崩壊させる』の中で、「ジョー・バイデン政権は4年越しで成立したヒラリー（・クリントン）政権である。そして、ヒラリー系の人物たちが要職を占めるバイデン政権では世界は戦争に向かう」と書いた。ジョー・バイデン前大統領の中国とロシアに対する、好戦的な姿勢を指摘し、中国とロシアに向かって戦争を仕掛ける可能性があると書いた。実際に、バイデン政権下でウクライナ戦争が勃発した。このことで「ウクライナ戦争発生を予想していた」という評価をいただいた。それはありがたいことだったが、アメリカ外交の大きな潮流である、リアリズム Realism と介入主義 Interventionism（インターヴェンショニズム）を理解していればそのような予想をすることは困難ではない。

バイデン政権の最高幹部層はヒラリー・クリントンをトップとする、民主党の人道的介入主義派 Humanitarian（ヒューマニタリアン） Interventionism のグループに属している。人道的介入主義とは、「非民主的体制の国家で困っている人、虐げられる人がいるならば、その人たちを人道的に助けるために、非民主的な国家を打ち倒す、そのためにアメリカ軍を使う」という考えだ。共和党側のカウンターパートはネオコン派（Neoconservatives）だ。

アメリカの介入主義の尖兵となってきたのが、米国国際開発庁（United States Agency for International Development、ＵＳＡＩＤ）だ。ＵＳＡＩＤは、１９６１年にジョン・Ｆ・ケネディ大統領によって設立された。大統領直属の機関であったが、１９８８年から国務省の監督下に置かれるようになった。その使命は、「アメリカ国民を代表して、私たちは民主的な価値を外国に提示し、自由で、平和な、そして、繁栄する世界を促進する」（翻訳は引用者）とされている。「民主的な価値を外国に提示する」という言葉が重要だ。

ＵＳＡＩＤは人道的支援のふりをしながら、各国の「民主化」を進め、体制転換 regime change を行っている。ＣＩＡの要員がＵＳＡＩＤの職員として各国に赴任しているのは、よく知られた話だ。

拙著『アメリカ政治の秘密』（ＰＨＰ研究所、２０１２年）で詳述しているが、２０１１年に起きた「アラブの春 Arab Spring」は自然発生的に起きたのではない。国務省とＵＳＡＩＤがお膳立てをして起こしたのだ。ＵＳＡＩＤは、「民主政体の促進」に多額の支出を行っている。具体的には、政党や民主化グループへの支援に使われている。これは、あくまで「アメリカの利益」のために行われている。

マルコ・ルビオ国務長官は就任早々、「国務省と傘下のUSAIDが行う海外援助を一部を除いて一時的に停止し、見直しを行っている」と発表した。これで人道的支援が停止されると懸念の声が上がっている（NHK2025年1月30日付記事「米国務省の海外援助 一部を除き一時停止し ウクライナで影響も」）。USAIDは国務省の傘下にありながら、予算規模は約500億ドル（約8兆円）、職員数は約1万人の大規模な政府機関である。この機関が人道支援だけをしていれば問題ないが、アメリカの介入主義外交の尖兵となっているならば、予算と活動を精査することは、トランプ政権にとって当然のことだ。

そして、トランプ大統領は、イーロン・マスクの助言を受け、USAIDの閉鎖の意向を明らかにした（NHK2025年2月13日付「USAID＝アメリカ国際開発庁〝閉鎖〟の波紋」）。

現在の世界は戦争の中にあるが、少しずつ変化の兆しが見えている。ウクライナに対するアメリカや西側諸国の軍事支援がロシアの安全保障上の懸念を誘発し、さらには、「ウクライナにアメリカ軍は派遣しない」（2021年12月8日）とジョー・バイデン大統領（当時）

が明言したことが引き金になって、2022年2月24日にウクライナ戦争が発生した。ロシアを戦争に「引きずり込む」ことに成功したが、アメリカをはじめとする西側諸国にとって予想外だったのは、ロシアが西側諸国による一致した経済制裁に対して早期屈服が起きなかったことだ。それは、西側以外の国々が経済制裁に参加せず、ロシアとの取引、特に石油取引を続けたことで、ロシア経済が破綻することはなかったからだ。

この計算違いによって、ウクライナ戦争は膠着状態に陥り、長期化した。ロシア側もウクライナが早期に屈服すると予想しており、その点ではこちらも計算違いがあった。アメリカは2024年9月末時点で、約1750億ドル（約26兆2500億円）もの支援を行っているが、ウクライナの「勝利は望めない」状況だ。バイデン政権下ではアメリカからの支援が続いたが、トランプ政権下では、支援は縮小、もしくは打ち切りという可能性が高い。そうなれば、ウクライナは戦争を継続することができない。ウクライナはアメリカのお金と武器で戦っている。大きな構図で言えば、これはアメリカとロシアの戦争であり、ウクライナは国土と国民を提供して傷ついているだけということになる。そして、アメリカが戦争を続けられないと決定すれば、ウクライナの頭越しで、ウクライナの意向は無視されて、アメリカとロシアの間で停戦が決められる。

実際に、トランプ大統領とロシアのプーティン大統領は、停戦に向けて交渉を始めることで合意した。そして、トランプ大統領は、米露首脳会談がサウジアラビアで行われるという見通しを示した。また、米露両国の高官がサウジアラビアで首脳会談に向けた地ならしを行うという報道も出た。状況は変化しつつある。

中東においては、2023年10月に、パレスティナ自治区のガザ地区を実効支配するイスラム組織「ハマス」が突然イスラエルを攻撃し、イスラエル側に約7000名の死傷者が出た。また、250名以上が人質として連行された。それに対する報復としてイスラエルがガザ地区を攻撃したことで、死傷者は約15万人となり、ガザ地区は瓦礫の山と化した。イスラエルはさらに、レバノンのイスラム組織「ヒズボラ」との戦闘も拡大させ、ハマスとヒズボラを支援するイランともミサイルで攻撃し合うという状況になり、中東情勢は不安定になった。

トランプ大統領の就任直前に、イスラエルとハマスとの間で3段階の過程を経る停戦合意がなされた（2025年1月15日）。現在は、砲火が収まり、人質の解放が進められている。2024年11月27日はヒズボラとの間でもすでに停戦合意がなされていたので、今回の停戦合意は非常に大きい。トランプ大統領返り咲きの直前に、中東は小康状態になったわけだが、これは、イスラエル（のベンヤミン・ネタニヤフ首相）とハマス側がトランプを「恐れた」からだ。トランプは、何をしてくるか分からない、という不安感があり、とりあえず様子見ということもあって停戦となった。

逆に言えば、ジョー・バイデンは当事者すべてから舐められていた。「バイデンは口先では停戦だとか人道支援などと言っても何もできない」と考えられていた。そのために、バイデンの発言は、各当事者には何の歯止めにもならなかった。一方、トランプについては、「友好的な関係があっても平気で圧力をかけてくるし、最悪、自分が追い落とされるかもしれない」という不安感がイスラエル、特にベンヤミン・ネタニヤフ（Benjamin Netanyahu、1949年－　75歳）首相にあった。ハマス側にしてみれば、「トランプは友好関係があっても平気で切ってくるから怖い」ということになる。

第1次トランプ政権の外交面での大きな成果は史上初の米朝首脳会談を実施できたことだ。トランプはシンガポール、ヴェトナムのハノイ、板門店で、北朝鮮の最高指導者である金(きむ)正恩(じょんうん)（Kim Jong Un、1982年－　43歳）と会談を行い、朝鮮半島の非核化 denuclearization(ディニュークリアライゼイション) と北朝鮮に対する「安全の保障」で合意した。その後は、交渉は頓挫(とんざ)しているが、第2次トランプ政権では、北朝鮮の「核の脅威」を取り除くことが重要な課題となる。北朝鮮問題は、当然のことながら、中国もロシアも当事者であり、トランプ政権は中露を使って、北朝鮮に対してアクションを起こすだろう。

トランプ政権が発足して、対外政策もまた国内政策と同様に、「アメリカ・ファースト」

である。「アメリカの利益につながるか」ということが最重要の要素となる。具体的には、「アメリカ国内に安全と秩序をもたらすために、外国からの影響を排除する」ということだ。そして、これが、「アメリカの勢力圏 sphere of influence である西半球、南北アメリカ大陸に外国勢力を入れない」という「モンロー主義」につながる。現在の、「喧嘩腰」に見えるトランプ外交は、「アメリカ・ファースト」「モンロー主義」を基にして動いている。

「終わらせた戦争によっても成功を測る」「私たちが決して巻き込まれない戦争」というトランプの言葉

2025年1月20日の大統領就任式の演説において、トランプは対外政策について、次のように述べた。この演説の一節はトランプの考えを端的に示すもので、極めて重要だ。以下に引用する。

> 私たちは勝利した戦いだけでなく、終わらせた戦争によっても成功を測ることになる（We will measure our success not only by the battles we win but also by the wars that we end）。そしておそらく最も重要なことは、私たちが決して巻き込まれない戦争（the wars we never get into）だ。私が最も誇りに思う遺産は、平和の調停者 peacemaker

であり統一者 unifier（ユニファイアー）としての遺産だ。それこそは私がなりたいものだ。平和の調停者であり統一者だ。嬉しいことに、私が就任する前日である昨日の時点で、中東の人質が家族の元に帰ってきている。（翻訳は引用者）

トランプ大統領は演説の中で、ウクライナやイスラエル、パレスティナという具体的な名前は出さなかったが、「平和の調停者」という言葉を使い、トランプ政権が「停戦 cease-fire（シースファイア）」を進めるということを明言した。また、「私たちが決して巻き込まれない戦争」という言葉も重要だ。すでに起こっている戦争にアメリカ軍を投入することはない、ということであり、アメリカが攻撃されない限りという前提は付くだろうが、アメリカが率先して戦争を起こすつもりはない、どこかの国に介入することはないということだ。

「アメリカが世界の警察官 World Police（ワールドポリス）としての役割を果たすのを止める」という重要な宣言だ。アフガニスタンやイラクの例から、体制転換のためにアメリカ軍が侵攻して、占領して、民主政治体制もどきを無理やり作らせてもうまくいかないということはすでに明らかになっている。トランプの言葉は、介入主義のアメリカ外交を改めるという宣言でもある。

第2次トランプ政権の外交政策を担当する人物たちを見ていく

第2次トランプ政権の国務長官 Secretary of State にはマルコ・ルビオ（Marco Rubio、1971年-　53歳）が就任した。ルビオはフロリダ州で、キューバ移民の両親のもとに生まれた。そのためにスペイン語が堪能である。フロリダ大学を卒業し、マイアミ大学法科大学院を修了し、政治の世界に入った。フロリダ州議会議員から、連邦上院議員（在任：2011-2025年）を務めた。また、2016年の大統領選挙共和党予備選挙に出馬したが、地元フロリダ州でトランプに大敗を喫したために、トランプ支持を表明した。2020年の大統領選挙には出馬しなかった。

マルコ・ルビオは中国に対して厳しい姿勢を取るタカ派として知られており、長官指名を受けて、「トランプ政権は中国に対して強硬姿勢を取るだろう」という見方が出ているが、マルコ・ルビオがスペイン語に流暢だという点が重要だと私は考えている。ルビオの起用は、中南米を重視するものであり、トランプの「モンロー主義」を推進する役割を果たすことが期待されていると考えられる。

マルコ・ルビオは国務長官として初めての外遊先としてパナマを選んだ。パナマのホセ・

ムリーノ（José Mulino、１９５９年－65歳）大統領と会談し、パナマ運河に対する中国の影響力増大への懸念を伝えた。それに対して、ムリーノ大統領は、中国が推進する一帯一路計画からの離脱を表明した（ＮＨＫ２０２５年2月3日付記事「米国務長官 外遊でパナマ訪問 運河への中国影響力拡大歯止めへ」）。ルビオは早速、トランプ版モンロー主義実現のために動いている。

国家安全保障問題担当大統領補佐官 National Security Advisor には、マイク・ウォルツ（Mike Waltz、１９７４年－51歳）が就任した。国家安全保障問題担当大統領補佐官は、大統領に国防や外交について助言を行い、政策立案を行うことを任務としている。安全保障と外交における最高意思決定機関であるホワイトハウスの国家安全保障会議（National（ナショナル） Security（セキュリティ） Council（カウンシル）、ＮＳＣ）を主宰する。時の政権の国防や外交に大きな影響を与える重要な役職だ。

ウォルツはヴァージニア軍事大学を卒業し、アメリカ陸軍に入隊した。陸軍特殊部隊であるグリーンベレー Green Berets の将校となり、アフガニスタン、中東、アフリカでの作戦に参加した。その後は、国防総省やホワイトハウスで、対テロ政策立案に従事した。ウォルツはエリート軍人である。その後は政治家に転身し、２０１９年から２０２５年までフロリ

トランプの外交政策「モンロー主義」を担当するのはこの3人だ

マルコ・ルビオ国務長官

マイク・ウォルツ
国家安全保障担当補佐官

エリス・ステファニック
国連大使

ダ州選出の連邦下院議員を務めた。『ザ・ヒル』誌２０２４年11月12日付記事「トランプの国家安全保障問題担当大統領補佐官指名を受けたマイク・ウォルツについて知っておくべき５つのこと（Five things to know about Mike Waltz, Trump's national security adviser pick）」によると、ウォルツは中国とロシアに対して強硬な姿勢を取るタカ派として知られている。ウクライナ戦争では、より高度な武器の支援を行うべきとしながらも、さらにヨーロッパ諸国の負担増を主張してきた。興味深いのは、メキシコの麻薬カルテルに対しての武力行使を主張していることだ。南部国境政策はトランプ政権の柱であり、麻薬カルテルのテロ組織指定がなされれば、軍事作戦実行のハードルは下がると考えられる。

米国連大使United States Ambassador to the United Nationsにはエリス・ステファニク（Elise Stefanik、１９８４年－　40歳）が就任した。米国連大使は国連United Nations（ユナイテッド ネイションズ）の場でアメリカを代表し、国連の場で他国と交渉しながら問題解決にあたる。閣僚級の扱いを受け、ホワイトハウスでの国家安全保障会議にも出席する。そのため、国連本部のあるニューヨークとワシントンＤＣを頻繁に移動する激務となる。

ステファニクはニューヨーク生まれで、２００６年にハーヴァード大学卒業後、ジョージ・Ｗ・ブッシュ政権のスタッフとなり、政界に入った。その後、２０１５年から２０２５

年までニューヨーク州選出連邦下院議員を務めた。30歳の初当選で、女性としての史上最年少議員（当時）となった。当初はトランプに批判的だったが、徐々にトランプ支持を明確に示すようになり、連邦下院議員時代は共和党の女性議員の増加のために政治団体「エレヴェートPAC」を立ち上げ、女性の立候補を支援した。また、連邦下院共和党のナンバー3である下院共和党会議議長Conference Chair（カンファレンスチェアー）にも就任した。ステファニクは、連邦上院での人事承認のための公聴会で、「国連の場で中国とロシアの力を弱める」ために努力すると発言している。対中タカ派ということになる。

エリス・ステファニックは共和党の「ライジングスター」であり、第2次政権以降も「トランプ政治運動」の重要人物として活動できるように育てていこうという意図が見える。副大統領のJ・D・ヴァンスと同い年（40歳）ということもあり、将来の副大統領候補、あるいは大統領候補ということも考えられる。そのため、米国連大使抜擢（ばってき）で、政治キャリアの第2段階のスタートということになるだろう。

第2次トランプ政権の外交政策のキーパーソンたちは全員が連邦議員経験者であり、対中タカ派と目されている。アメリカの政治家で対中ハト派は少数である。ほぼ全員が、中国を非難し、中国を抑え込むことを主張している。それは、冷戦時代に、ソ連に対して宥和的な発言をすることが憚(はばか)られたのと同じだ。政治の世界における「激しい言葉遣い」について額面通り受け取ってはいけない。

アメリカの対中タカ派全員が、決して中国との直接対決をしようなどと述べているわけではない。そんなことをすれば、アメリカが立ち直れないほどのダメージを受けてしまうことを分かっている。それほど中国の力は増大している。

外交政策面でのキーパーソンたちのもう1つの共通点は、濃淡の差はあるが、トランプに忠誠心を持ち、従っている点だ。トランプが望まないことをやる、仕事ぶりが悪い場合には、得意の「お前はクビだ！ You are fired!（ユー アー ファイアード）」で終わりだ。何よりも「新しい戦争に巻き込まれない」と就任式の演説で述べているので、中国との競争は行うだろうが、それ以上のことはしないだろう。それよりも、やはり、ウクライナ戦争の停戦とモンロー主義の実現に注力することになるだろう。

トランプ大統領の返り咲きによってウクライナ戦争停戦の機運が高まる

２０２２年2月24日に始まったウクライナ戦争は開戦して、すでに3年が経過している。開戦直後に、西側諸国が一致して、ロシアに対して経済制裁を科したことで、ロシアは戦争継続ができなくなり、すぐに撤退して戦争は片付くだろうという予想もあったが大きく外れ、長期化し、膠着状態に陥っている。ウクライナ戦争については日本で報道される頻度も極端に減っている。

アメリカはウクライナ戦争について楽観的だった。軍需産業にとっての書き入れ時となった。『ザ・ヒル』誌2022年3月15日付記事「ウクライナ紛争は防衛産業に恩恵をもたらす（Ukraine conflict a boon for defense industry）」によれば、「先週、圧倒的に超党派の支持を得て両院を通過した2022年政府支出法案には、連邦議会ではよくあることだが、国防総省が要求していない艦船や飛行機への数十億ドルが含まれている」「防衛産業が盛んな選挙区を代表する連邦議員たちは、しばしば請負業者の政治献金を最も多く受け取っており、通常、武器の購入を推進する立場を取る」（翻訳は引用者）ということだ。

この記述はアメリカの軍産複合体の姿を捉えている。国防総省が精査して、必要だと思う装備の予算を計上してきたのに、連邦議員たちが、日ごろから献金を受けたり、票を回してもらったりして、世話になっている軍需産業の利益になるように、予算を「浪費 waste（ウエイスト）」したのだ。このことは、ウクライナ戦争がすぐに済むと考え、火事場泥棒的に予算を増やして、軍需産業に恩を売ろうとしたアメリカの連邦議員たちの浅はかさと、軍産複合体の実態が垣間見える事例だ。

ロシアはウクライナ東部を抑えて、その地域から積極的に攻勢をかけることなく、守りを固めている。ウクライナのヴォロディミール・ゼレンスキー（Volodymyr Zelenskyy、1978年－ 47歳）大統領は、戦争期間中に「ロシアに奪われた領土すべての奪還を目指す」と述べ、クリミア半島の奪還までも主張してきたが、実際には言葉だけが踊り、どうしようもない状況になっている。ウクライナ戦争は膠着状態になっている。ウクライナを支持するにしろ、ロシアを支持するにしろ、世界中で停戦を求める声が出ている。

アメリカ国民はウクライナ戦争の停戦を望んでいる。『バイデンを操る者たちがアメリカ帝国を崩壊させる』でも取り上げたが、アメリカ国民の過半数はウクライナ戦争停戦を支持し、共和党支持者となるとその割合が高くなる。トランプは大統領選挙期間中からウクライナ戦争停戦を訴えてきた。トランプは、アメリカ国民の意向を受けて、ウクライナ戦争停戦に動くことになる。ヨーロッパでも「ウクライナ疲れ Ukraine（ユークレイン） fatigue（ファティーグ）」や「ゼレンスキー疲れ Zelensky fatigue」という言葉が使われて、西側諸国全体で、ウクライナ戦争停戦の機運が高まっている。西側諸国、特にアメリカの支援がなければ戦えないゼレンスキー大統領はその圧力をひしひしと感じている。そこに出てきたのがトランプ大統領だ。

『*Responsible Statecraft*』誌2025年1月15日付記事「ルビオは、ウクライナと中国との対決について『大胆な外交』を主張（Rubio pushes 'bold diplomacy' for Ukraine, confrontation with China）」では、ルビオの国務長官人事承認のための連邦上院公聴会での発言を紹介している。以下に引用する。

戦争終結を達成するのは「簡単な努力ではない。だが、それには大胆な外交bold(ボールド) diplomacy(ディプロマシー)が必要であり、私の希望は停戦から始まる」とルビオは述べた。彼はさらに「当事者全員が現実的realistic(リアリスティック)になることが重要だ。ロシア側だけでなく、ウクライナ側も譲歩concessions(コンセッションズ)する必要があるだろう。

（翻訳は引用者）

マルコ・ルビオは国務長官として、バイデン政権下ではその兆しすら起きなかった、ウクライナ戦争停戦に向けて、ロシアにも、ウクライナにも「譲歩」を迫ることになる。ウクライナ軍はロシア領内の一部を制圧しているが、ロシアはそこを自力で奪還した上で、停戦交渉を有利に運び、ウクライナ側の譲歩を引き出したいと考えているはずだ。一方のウクライナはロシア領内の制圧地域からの撤退を条件にして、ロシアから何らかの譲歩を引き出したいと考えているだろう。

しかし、客観的に見てみれば、状況はウクライナにとって不利だ。繰り返しになるが、ウクライナはアメリカからの支援がなければ戦えない。そして、アメリカでウクライナ支援打ち切りを訴えてきたトランプ大統領と共和党がホワイトハウスと連邦議会を握っている状況は、ウクライナの戦争継続には赤信号が灯っているようなものだ。戦争継続が難しくなり、ロシアに反転攻勢され、さらに占領地域を増やされても反撃もできないような状況に陥る前に、譲歩することはウクライナにとって重要だ。

ロシアのプーティン大統領に対しては硬軟両方で揺さぶりをかけている

『時事通信』2025年1月10日付記事「トランプ氏、ウクライナ停戦で強気姿勢後退 プーチン氏と会談『6カ月以内に』」によると、トランプは大統領選挙期間中に述べた、「大統領就任後の24時間以内の停戦」という言葉からは後退したが、それでもウクライナ戦争停戦を進めようとしている。トランプ大統領は、ロシアのウラジーミル・プーティン（Vladimir Putin、1952年－ 72歳）大統領と直接会談を行い、ウクライナ停戦を実現させようとしている。そのためには、実現に向けての根回しと交渉が必要となる。

トランプ大統領は、ウクライナ・ロシア担当特使（United States Special Envoy for Ukraine and Russia）キース・ケロッグ（Keith Kellogg、1944年-　80歳）を起用した。ケロッグは、生粋の軍人で、ヴェトナム戦争中はアメリカ陸軍特殊部隊であるグリーンベレーに属し、その後は陸軍中将まで昇進し、2003年に退役した。その後は民間に転じていたが、イラク戦争後は連合国暫定当局（Coalition Provisional Authority、CPA）で業務統括責任者としてバグダッドで勤務した。2016年の大統領選挙ではトランプ陣営の政策顧問を務め、トランプ政権では国家安全保障問題担当大統領補佐官代理とペンス副大統領の国家安全保障問題担当補佐官を務めた。ウクライナを支持する立場を表明してきたが、ウクライナが交渉を拒否する場合には支援減額を行うという厳しい姿勢で臨んでいる。

ロシアはウクライナのヴォロディミール・ゼレンスキー大統領は任期をすでに終えているので権限はないと主張している。確かに2024年5月にゼレンスキーの大統領任期は終わっているが、戒厳令 martial law が出ている状況での選挙は禁止されているため、現在も政権は継続中である。プーティン大統領は、ウクライナ側が停戦交渉を望む場合には、ロシアは停戦交渉担当者を任命する用意があると発言している（NHK2025年1月29日付け「プーチン大統領　ウクライナとの停戦交渉担当者任命の考え示す」）

ウクライナのヴォロディミール・ゼレンスキー大統領は、停戦の条件をだいぶ緩和している。これまでは１９９１年のウクライナ独立の際の国土の回復を掲げていたが、最近では、ウクライナの非占領地域のＮＡＴＯ加盟、占領地域は外交交渉で返還を求めるという条件を提示している（ＣＮＮ日本版２０２４年12月２日付記事「ゼレンスキー氏、停戦の可能性に言及　非占領地域のＮＡＴＯ傘下入りが条件」）。問題は、２０２２年10月にゼレンスキー大統領が「プーティンとは交渉禁止」という内容の法令に自分自身で署名していることだ。ロシアのプーティン大統領は、これを逆手に取って、「ゼレンスキーと交渉できないので、トランプ大統領と停戦交渉をしたい」と述べている。

　トランプ大統領は、プーティン大統領に米露首脳会談でのウクライナ戦争停戦について話し合うことを呼びかけている。一方で、さまざまな揺さぶりをかけている。プーティン大統領が首脳会談に応じなければ、「ロシアのアメリカ向け輸出に関税をかけ、制裁を科す」と述べた（ＣＮＮ２０２５年1月23日付記事「トランプ氏、戦争終わらせなければロシアに『関税と制裁』」）。関税引き上げを制裁 sanctions（サンクションズ）と考えているようだ。さらには、遠回りの揺さぶりとして、石油輸出国機構（Organization of the Petroleum Exporting Countries、ＯＰＥＣ（オペック））に対して、石油価格の引き下げを求めた。これは、石油価格が下がれば、ロシアの収入が減り、ロシアの戦争継続も厳しくなって、停戦交渉を行わねばならなくなるという論理だ（『ロイター通信』２０２５年1月25日付記事「トランプ氏、ＯＰＥＣに値下げ再度要求　ウクライナ戦争終結策と主張」）。トランプは硬軟両方で揺さぶりをかけており、ロシアも対応に苦慮しているが、バイデン政権の時よりも、停戦に向かう機運は高まっている。

本書執筆中、トランプ大統領とプーティン大統領がウクライナ戦争停戦に向けて交渉を行うことで合意したという報道が出た。（ＮＨＫ２０２５年2月14日付記事「トランプ氏『遠くない将来停戦実現』プーチン氏と電話会談うけ」、ＮＨＫ２０２５年2月16日付記事「米ロ高官 首脳会談のため地ならし 近くサウジで会合へ 米報道」）。バイデン政権時代には、アメリカとの関係が冷え込んでいたサウジアラビアが、トランプ政権発足後に、ウクライナ戦争停戦に関与するという姿勢を示したことは、大きな変化である。ウクライナ戦争が停戦になれば、中東の小康状態と相まって、大きな戦争が終わるということになる。これは、トランプが大統領に返り咲いた成果ということになる。

トランプ大統領の返り咲きによって、ウクライナ戦争は停戦に進むことは間違いない。ウクライナは現状の状態での停戦という妥協を強いられることになる。ルビオ国務長官が「譲歩」という言葉を使った以上、これを受け入れることしかない。ウクライナ戦争終了後、ウクライナに対しては、西側諸国を中心として復興支援が行われるだろうが、元々が腐敗していた国家であり、支援物資を権力者たちが横流ししたり、横領したりで、国民のために使われないということが考えられる。結果として、ウクライナはますます国民から見捨てられて、疲弊していく可能性が高い。破綻(はたん)国家 failed(フェイルド) state(ステイト) となったウクライナを誰が面倒を見るかということで、責任の押し付け合いが起きるだろう。気の毒なのはウクライナ国民だ。

トランプの出現で一気に小康状態に向かった中東情勢

2023年10月7日に、パレスティナ自治区のガザ地区を実効支配する、イスラム組織「ハマス Hamas 」がイスラエルに対して攻撃を行い、イスラエル国民に多くの死傷者が出て、さらには外国籍を含む250名以上が人質としてガザ地区に連れ去られるという事件が起きた。ハマスの攻撃に対して、イスラエルはガザ地区に侵攻し、激しい攻撃を続け、民間人に多数の死傷者が出る事態となった。ハマスの最高幹部の暗殺も相次いだ。イスラエルはまた、2024年9月から、レバノンのイスラム組織「ヒズボラ Hezbollah 」とも戦闘状態に入った（2024年11月に停戦合意）。イスラエルは空爆によって複数のヒズボラ幹部を殺害した。さらには、２０２４年10月に、ハマスとヒズボラを支援するイランともミサイル攻撃の応酬となった。中東全体の状況が不安定化した。

２０２５年1月15日、イスラエルとハマスとの間で停戦合意がなされた。アメリカとカタールが仲介して停戦交渉を続けていたが、それがトランプ政権成立直前で停戦合意となった。合意の第1段階は、６週間継続され、「全面的かつ完全な停戦」が実施される。イスラエルの刑務所に収監されているパレスティナ人受刑者数百人と、ハマスが拘束している人質のうち、女性や高齢者、病人が解放される。イスラエル軍の人口密集地からの撤退とガザ地区へのトラックの進入が認められる。第2段階に向けた交渉は、停戦の16日目に開始される「戦争の恒久的な終結」になる。さらに多くのパレスティナ人受刑者と残りのイスラエル人の人質の交換となる。第3段階は、ガザ地区の復興（年単位になる）について交渉されるということだ（BBC NEWS JAPAN ２０２５年1月16日付記事「イスラエルとハマスがガザ停戦で合意、19日から段階的に実施　カタールとアメリカが発表」）。昨年合意されたヒズボラとの停戦と合わせて、中東地域は小康状態となる。

スキャンダルを抱えるネタニヤフはトランプからの圧力に耐えきれずに停戦に合意した

「『直接介入で圧力』ハマス高官　ネタニヤフ首相ガザ停戦合意の背景にトランプ氏」（テレビ朝日NEWS 2025年1月17日付記事）によると、ネタニヤフ首相はハマスとの停戦に難色を示したということだ。それは政権内の極右勢力に気を遣ってのことだ。しかし、ハマス幹部によると、「ネタニヤフ首相は次期トランプ政権と衝突したくなかったし、怒りを買うのを避けたかったのが現実だ」ということであり、ハマス側は（おそらく幹部会で）満場一致で停戦を受け入れ、「我々はトランプ氏に対し戦争を終わらせるというメッセージを具体化し、パレスチナの人々に自分たちの土地の自決権を与え、平和が実現されることを望んでいる」と述べている。ハマスは、トランプの停戦優先という考えを利用して（もちろん、トランプの予測不可能性に不安を感じつつ）、利益を得たということになる。

2025年2月4日に、第2次トランプ政権発足後、初めての外国の首脳として、ベンヤミン・ネタニヤフ首相がホワイトハウスを訪問し、トランプ大統領と会談を持った。ガザ地区の取り扱いについて、アメリカが「引き受ける take over（テイク オーヴァー）」とし、観光開発を行う、パ

2025年2月4日、トランプ大統領はイスラエルのネタニヤフ首相とホワイトハウスで会談した

トランプ大統領は「ガザ地区は戦争が終わった時、アメリカに引き渡される」と発言し、ネタニヤフ首相はこの発言を称賛した。

レスティナの人々については近隣諸国に移住させるというトランプのアイディアに注目が集まった。このアイディアについて、ネタニヤフ首相は称賛した（BBC NEWS JAPAN 2025年2月5日付記事「アメリカがガザ地区を「引き取る」とトランプ氏が発言、ネタニヤフ氏との会談後」）。トランプからの圧力を受けているネタニヤフは、トランプに対して反論や交渉などできる立場にない。実際に可能かどうかは別であるが、トランプは観光開発して経済発展すれば、戦争など起きないという考えだ。トランプのこのような発想は、第1次政権時の、北朝鮮との首脳会談でも発揮されている。トランプは金正恩に対して、北朝鮮で観光開発を行うように助言した。

ネタニヤフ首相は、イスラエル・ガザ紛争が発生する前から収賄疑惑があり、「イスラエル検察は2019年11月、通信大手企業に政策面で便宜を図る見返りに好意的な報道を行うよう求めたなどとして、同氏（引用者注：ネタニヤフ）を収賄や詐欺、背任の罪で起訴」した（産経新聞2021年6月3日付記事「イスラエル『身内の反乱』が致命傷に　ネタニヤフ首相」）。ネタニヤフは、戦争中であれば訴追は困難であるが、戦争が終わり、首相の座から降りることになれば、裁判となり、有罪となれば刑務所に収監されることになる。『世界覇権国　交代劇の真相』の中で、佐藤優先生は、ネタニヤフの疑惑は家族にも及んでおり、妻や子供も収監される可能性があると述べている。ネタニヤフはこのような事態を避けたいはずで、そのためには、戦争が続き、首相の座にとどまらねばならない。しかし、ネタニヤフの個人的な利益を追求してしまうと、イスラエルや中東全体の被害が続くということになる。

トランプ大統領とネタニヤフ首相の関係は蜜月というわけではない。『ザ・ヒル』誌2024年11月1日付記事「トランプとネタニヤフは歩調を合わせないだろう（Trump and Netanyahu Won't Get Along）」によれば、トランプ大統領はネタニヤフ首相を最後の最後まで支持し続けることはないということが分かる。トランプは、「大統領就任式の日までにガザ地区については決着をつけたほうがいい」とネタニヤフ首相に忠告したということだ。また、トランプは、前回の大統領在任中に実施されたイスラエルの国政選挙でベニー・ガンツ（Benny Gantz、1959年－　65歳）を応援したという事実がある。ベニー・ガンツは戦時内閣に参加していたが、2024年6月9日に政権離脱を発表し、イスラエル国会Knesset（クネセト）の早期の解散総選挙を求めた。

ネタニヤフにしてみれば、自分があまりにも我を張れば、損をするという計算をしたはずだ。つまり、「トランプの不興を買えば、あの強大な発信力とアメリカの国力を使って、自分を追い落とすだろう、イスラエル国会の解散総選挙が実施されれば、自分は政権を失い、スキャンダルのための裁判が行われ、有罪判決を受けて刑務所への収監が早まる」ということだ。そのために停戦合意を受け入れるとなったということだろう。トランプがネタニヤフにかけた「圧力」はこういうことだっただろう。バイデン政権ではできなかったことがトランプ政権でスピード感をもって達成されたということになる。

北朝鮮に対しても働きかけを行う

トランプ大統領は、北朝鮮の金正恩国務委員会委員長と、2018年6月12日のシンガポール、2019年2月27日から28日にかけてヴェトナムのハノイ、2019年6月30日の板門店（パンムンジョム）と3回の会談を行った。板門店では軍事境界線を越えて、トランプが北朝鮮側に、金正恩が韓国側に入る一幕もあった。シンガポールでの会談には、共同声明に署名した。声明では、金正恩が「完全な非核化」に取り組み、トランプ氏が北朝鮮の体制の「安全の保証」を約束すると明記したが、具体的な内容は含まれなかった。その後の会談では非核化について折り合いがつかないままとなった。大統領に返り咲いたトランプは、金正恩との首脳会談に意欲を示した（NHK2025年1月24日付記事「トランプ大統領 北朝鮮キム総書記に接触図る意向示す」）。トランプが北朝鮮を「核保有国 nuclear power（ニュークリア パウア）」と呼んだことが波紋を呼ん

トランプと金正恩の4度目の会談成るか。北朝鮮問題を担当するのはこの２人だ。国際関係と安全保障分野に精通している

リチャード・グレネル
大統領特別任務特使

アレックス・ウォン
国家安全保障問題担当大統領次席補佐官

だが、これは現状を認識しての言葉ということになる。そして、トランプの意識からすれば、北朝鮮は、「慎重に交渉しなければ行けない相手」ということになる。4年間という短い任期しかないが、北朝鮮の核兵器がアメリカにとっての、直接的な脅威である以上、非核化に向けて何らかの合意を取り付けたいところだ。

第2トランプ政権で北朝鮮を担当することになるのが、リチャード・グレネル（Richard Grenell、1966年－ 58歳）大統領特別任務特使（Special Presidential Envoy for Special Missions）だ。トランプはグレネルを指名する際に、「リックは、ヴェネズエラと北朝鮮を含む世界の最も熱い地点のいくつかで働くことになる」（翻訳は引用者）と述べた。北朝鮮問題は非常に複雑で、片手間にできる仕事ではないので、実質的に北朝鮮担当特使ということになる。

グレネルはハーヴァード大学ケネディスクールで修士号を取得後、政治の世界に進み、国務省や国連、連邦議員たちの報道担当や顧問を務めた。リチャード・グレネルは、第1次トランプ政権下では、2018年から2020年まで在ドイツ米大使、2019年にはセルビア・コソヴォ和平交渉担当大統領特使、2020年には国家情報長官代行を務めた。

職業外交官ではないが、外交関係での経験が豊富な人物だ。北朝鮮については国連時代に安全保障理事会のスタッフとして勤務していた時期に知識と経験を積んだ。彼はまた、アメリカ史上初めて同性愛を公言した閣僚となった。グレネルはトランプ大統領の信頼が厚く、大統領選挙後に実施された、トランプ大統領とウクライナのゼレンスキー大統領の会談に同席したほどだ。

グレネルはドイツ大使時代に、ドイツの国防費の対GDP比が少ないことを問題視し、ドイツからアメリカ軍を撤退させる、ロシアのエネルギーへの依存度を高めるノルドストリーム2・パイプラインに制裁を科すなどと厳しい言葉遣いで批判した。ドイツ側からは、「アメリカが依然として占領国 still an occupying（オキュパイング） power」であるかのように振る舞っていると非難された。グレネルはトランプ大統領に対して忠誠心の厚い人物である。グレネルは北朝鮮に対して働きかけを行っているだろう。

第2次トランプ政権で北朝鮮問題を担当する、もう1人の人物は、アレックス・ウォン（Alex Nelson Wong、1980年－　44歳）国家安全保障問題担当大統領次席補佐官だ。ウォンはペンシルヴァニア大学を卒業し、ハーヴァード大学法科大学院を修了し、弁護士となった。それからは、連邦議員たちの国際関係や安全保障分野の顧問やアドヴァイザーを務めた。2007年から2009年にかけては国務省で、イラクの司法制度整備の仕事を行った。

トランプ政権下の2017年からは、東アジア・太平洋問題国務次官補代理（北朝鮮担当）と北朝鮮担当特別次席代表を務め、北朝鮮担当特別代表 United States Special Representatives for North Korea を務めたスティーブン・ビーガン（Stephen Biegun、1963年－　61歳）を実務面から補佐し、米朝首脳会談実現に貢献した。対北朝鮮政策の経験の豊富な人物が登用されたことで、米朝首脳会談の機運は高まるだろう。

トランプ率いるアメリカは「モンロー主義」へ回帰する――カナダ、グリーンランド、パナマを「欲しがる」理由

トランプ大統領は、就任前から、「カナダはアメリカの51番目の州になるべきだ」「パナマ運河をアメリカが管理する」「グリーンランドをアメリカが購入する、領有する」といった発言を繰り返して行い、物議を醸した（BBC NEWS JAPAN 2025年1月8日付記事「トランプ次期米大統領、グリーンランドとパナマ運河の支配めぐり脅し強める『カナダ合併』にも言及」）。大統領就任式での演説では、パナマ運河については具体的に言及し、「アメリカが資金と労働力を提供して建設したパナマ運河を独立国のパナマに与えたのに、今は中国が管理している。私たちは中国に与えたのではない。だから、取り返す」と述べた。パナマ運河の管理権をパナマ政府に与えたのは、先日亡くなったジミー・カーター元大統領だ。

香港を拠点とする「CKハチソン・ホールディングス CK Hutchison Holdings」は、パナマ運河の入り口にある2つの港を管理している。中国語の表記は「長江和記実業有限公司」だ。元々はイギリス系の企業であったが2015年に、世界有数の大富豪である李嘉誠（Li Ka Shing、1928年－96歳）率いる長江実業グループの傘下になった。李嘉誠は中国共産党とも近い関係であることから、アメリカが管理権について懸念を持つことは理解できる。

グリーンランドについては、気候変動で氷が溶けたことで、中国とロシアが開発を進めている北極海航路（Northern Sea Route、NSR）が重要性を高める中で、軍事的な要衝となっている。歴代米政権でも、グリーンランドの領有を目指し、領有するデンマークに購入を持ちかけたことがある。現在では気候変動もあり、地表を覆う氷が溶け、地価の天然資源、レアアースの採掘も容易になりつつある。アメリカとしては、北極海航路やレアアース採掘をめぐり、中国に主導権を握られたくないということもある。2025年1月7日には、トランプ大統領の長男ドナルド・トランプ・ジュニア（Donald Trump Jr.、1977年－47歳）がグリーンランドを訪問した。

カナダについて、トランプは、アメリカとの国境線は「人為的に引かれた線」であり、「アメリカはカナダを保護するために何十億ドルをも支出しているのに、貿易で対米黒字を出している」と批判し、「アメリカと合併すべきだ」と述べた。

パナマ、デンマーク、カナダの各国政府は警戒感を強めている。

トランプは、パナマ運河やグリーンランドをめぐり、経済力や軍事力を行使することも辞さないという踏み込んだ発言も行っている。「トランプはアメリカ国内問題解決優先主義で、アイソレイショニズムではないのか、領土拡張はそうした考えと相容れないではないか」という疑問が出てくる。しかし、これは、カナダ、パナマ、グリーンランドを「実質的にアメリカのものにしたい」という趣旨の発言である。いきなりアメリカ軍を送って、占領するというようなことではない。そんなことは21世紀の世界ではもはや通用しないことは分かっている。しかし、トランプの発言によって、世界中は不安を感じている。これはトランプの常套手段であって、そこからディール（取引）に入るということになる。トランプ大統領は「西半球、南北アメリカ大陸はアメリカ合衆国の影響の下になければならない」という姿勢を明確に打ち出しているのだ。


私はトランプがアメリカの国是 national credo（ナショナル クリードゥ）である「モンロー主義」を回復させようとしていると考えている。具体的には、「西半球、少なくとも北米大陸をきっちりと固めて、アメリカの勢力圏に構成し直す」ということだ。トランプは「モンロー主義2・0」を発動しようとしているのだ。つまり、勢力圏に構成し直せば、グリーンランドのレアアースも手に入るし、北極海航路やパナマ運河の安全も確保できる。トランプはヨーロッパにも、中露両国にも、ユーラシア勢力圏に西半球に手を出させないという決意を持っているということになるだろう。

モンロー主義とは、1823年にアメリカ第5代大統領ジェイムズ・モンロー（James Monroe、1758-1831年、73歳で没　在任：1817-1825年）が連邦議会での演説で発表した、アメリカの外交政策の原則だ。簡潔に言うと、「アメリカ合衆国がヨーロッパ諸国に対して、南北アメリカ大陸とヨーロッパ大陸間の相互不干渉 non-intervention（ノン インターヴェンション）を提唱したこと」となるが、さらに簡単に言えば、「前回はヨーロッパ諸国がメインだったが、今回は中国に対して、南北アメリカ大陸に再び手を出すことは許さないと宣言したこと」となる。これにつけ加えれば、「アメリカは、ヨーロッパ、大きくはユーラシア大陸から撤退する、手を引く」ということでもある。

19世紀に入り、南アメリカ大陸（ラテンアメリカ）で、植民地からの独立運動が盛んになり、実際に次々と独立していった。南アメリカ大陸の植民地のほとんどはスペインのものであったので（ブラジルはポルトガルの植民地）、スペインは独立運動を抑圧した。それに対して、イギリスは独立運動を支援した。それは、独立を果たした国々に対して恩義を与え、その見返りとしてイギリス製の工業製品の市場として、イギリスの影響圏に置くという目論見(もくろみ)があった。それを抑えるために、アメリカからモンロー宣言が出された。現在で言えば、中国が中南米諸国との関係を深めている。アメリカはこのことに警戒感を持っている。

このモンロー・ドクトリンの考え方を「アメリカの孤立主義（アメリカが世界に関わらない）」とする解釈もあるがそうではない。モンロー・ドクトリンは、「南北アメリカ大陸を含む西半球のことはアメリカが決める、ヨーロッパ諸国に手出しをさせない。その代わり、他の地域のことにアメリカが介入することはしない」というものだ。アメリカが西半球の決定者になるということで、「地球の半分の王になる」という宣言であった。しかし、何かきれいごとのように、モンロー・ドクトリンは、「アメリカは海外のことに手を出さない」「アメリカは植民地を求めない」という解釈の根拠にされてきた。トランプはこのモンロー主義を引き継いでいる。戦後アメリカの世界全体への介入主義を改めて、アメリカを「世界の王」から「西半球の王」へと縮小しようとしている。

モンロー主義で重要なのは、「西半球（アメリカの勢力圏）からヨーロッパの影響力を排除する」という点だ。これをトランプの発言に当てはめてみよう。グリーンランドはヨーロッパのデンマークが領有している。前述した通り、世界貿易にとって重要なパナマ運河の管理をしているのは、香港の多国籍企業「CKハチソン・ホールディングス」である。中国名は「長江和記実業有限公司」である。2015年にイギリス系のハチソン・ワンポア・リミテッドの株式の半数を、香港最大の企業集団である長江実業が取得し、CKハチソン・ホールディングスとなった。トランプの目から見れば、パナマ運河をイギリス系と中国系が管理しているということになり、それが「アメリカにとっての脅威」ということになる。

イギリスとイギリスの旧植民地諸国56カ国（世界全体の約30％）は、「イギリス連邦 Commonwealth（コモンウェルス） of Nations」を形成しており、カナダも所属している。そして、イギリス連邦の中の15カ国はイギリスと「イギリス連合王国 Commonwealth realm（レルム）」を形成している。これは「同君連合 personal（パーソナル） union（ユニオン）」とも言うが、簡単に言えばカナダの国家元首はイギリス国王ということだ。現在のカナダの国家元首は、チャールズ3世（Charles III、1948年－　76歳　在位：2022年－　）だ。チャールズ3世はカナダ国王 King of Canada でもある。カナダ国王（イギリス国王）は通常、カナダに滞在していないために、職務を代行させるために、カナダ総督 Governor General of Canada を置いている。カナダ総督は、カナダ首相の指名によって任命される。カナダ国王がいて、カナダ総督がいるということを私たち日本人は知らない。カナダが「王国」であることは形式的なことではあるが、イギリスの影響が色濃く残っていることは当然だ。カナダは北米にあるヨーロッパだ。これはモンロー主義とは相容れない。そのために、トランプはカナダに対して厳しい姿勢を取る。

トランプは「タリフマン（関税男）」を自称し、関税を政策の柱に据える

ドナルド・トランプ大統領にとって関税は政策の大きな柱だ。第2章で触れたラトニック商務長官の「偉大な時代」である１９００年頃のアメリカには「関税があって、所得税がなかった」という表現はトランプの考えを良く表している。関税を引き上げることで、アメリカの製造業が復活（レストレイション）し、それに伴い、雇用 employment（エンプロイメント）が生み出されるという図式だ。関税引き上げでアメリカ国内での物価が上昇し、インフレが再燃する、また、アメリカが輸出志向 export-oriented（エクスポート オリエンティッド）になれば、ドル安を志向する可能性も高まる。世界各国の経済に大きな影響を与えることになる。

トランプ大統領は早速、２０２５年2月1日から、メキシコとカナダに対して、25%の関税を課すとした。また、中国にも10%の追加関税を課すと発表した。（ＮＨＫ２０２５年２月１日付記事「トランプ大統領〝カナダ メキシコ 中国に関税回避策はない〟」）。興味深いのはカナ

ダからの石油に関しては税率を10％にするとしていることだ。これは、国内の物価上昇を懸念してのことであり、トランプ大統領が関税引き上げによる物価上昇に気を遣っていることが分かる。

アメリカ、カナダ、メキシコは１９９４年に、北米自由貿易協定（North American Free Trade Agreement、ＮＡＦＴＡ）を発効させた。２０１７年からは、第１次トランプ政権が主導して、北米自由貿易協定の再交渉が実施された。そして、２０１８年に北米参加国間での合意が形成された。最終的に２０２０年7月1日には、新しい協定として「米国・メキシコ・カナダ協定（United States–Mexico–Canada Agreement、ＵＳＭＣＡ）」が発効した。トランプ大統領のメキシコとカナダへの25％の関税は、このＵＳＭＣＡを無効化する動きである。トランプとしては、関税の壁でアメリカを囲み、アメリカの製造業を再生させることを目指している。「アメリカ・ファースト」で、他国や世界の経済状況については二の次ということになる。トランプ大統領は選挙期間中から、アメリカへの製造業の回帰、雇用創出を強く主張してきたので、彼は発言通りの行動をしている。

日本の自動車メーカーや部品メーカーはＵＳＭＣＡを利用して、カナダやメキシコの国境地帯に工場を建設し、サプライチェインを構築している。トランプ政権の関税引き上げによって大きな影響を受けることになる。アメリカにとって、日本は貿易赤字ランキングで4位となっており、赤字額は2023年では約60億ドル（約9200億円）となっている。ドル安が志向されると、必然的に円高ということになり、日本からアメリカへの輸出が減り、アメリカからの輸入を増やすことができれば、アメリカの対日貿易赤字が削減されることにつながり、トランプにとってはしてやったりということになる。

トランプの関税政策と製造業再生が抱える問題は、アメリカの製造業の基盤は崩壊しており、以前のようには回復しないということだ。ウクライナ戦争ではアメリカは大量の武器をウクライナに送った。そのために、アメリカ軍の装備が足りなくなるという事態が起きた。軍需産業が増産を行うことも厳しい状況があった。フランスの歴史人口学者エマニュエル・トッドは『週刊文春』誌とのインタヴューで、アメリカには「産業を担う優秀で勤勉な労働者がいない」と指摘し、「アメリカはすでに手遅れ」と述べている（文春オンライン2024年12月27日付記事「〈トランプの保護主義は正しい。しかし…〉トッドが語る米国産業が復活できない理由「優秀で勤勉な労働者の不足はすでに手遅れ」」）。

アメリカの製造業はすでに手遅れということはトランプ大統領も分かっているだろう。しかし、彼を支持して大統領に当選させた、貧しい白人労働者の利益になると主張している柱の政策であり、このまま突き進むしかない。

日本に対しても厳しい要求が突きつけられる

２０２５年2月7日、石破茂（いしばしげる）（１９５７年－　68歳）がホワイトハウスを訪問し、トランプ大統領と首脳会談を持った。会談で、石破首相は、トランプ大統領を狙った暗殺未遂事件について、「大統領が、自分はこうして神様から選ばれたと確信したに違いないと思った」と発言している。この「神に選ばれた」という言葉が重要だ。このことは後で説明する（『朝日新聞』２０２５年2月8日付記事「神様から選ばれたとトランプ大統領は確信」石破首相、何度も称賛）。

石破首相は、トランプ大統領に対して、対米投資の増額と雇用創出や防衛費の増額について説明し、また、日本製鉄によるＵＳスティール買収にも言及したということだ。トランプ大統領からは無理難題はなく、日本の取り組みを評価しつつ、アメリカからの天然ガス輸入を増やすように求められたということだ（ＮＨＫ２０２５年2月10日付記事「日米首脳会談　やりとり詳細　石破首相滞在中は厳戒な警備体制」）。トランプ大統領からの厳しい要求はなく、終始、和やかな雰囲気であったことから、石破首相にとって初めての日米首脳会談は成功であったという評価になっている。

『世界覇権国　交代劇の真相』（秀和システム）の「まえがき」で、佐藤優先生が指摘しているように、石破首相はプロテスタントのキリスト教徒であり、トランプ大統領は長老派（カルヴァン派）のキリスト教徒として、暗殺未遂事件以降に「回心」した（神に選ばれたという確信を得た）人物として、共通点がある。佐藤先生は「宗教的価値観を共有する石破氏との間で興味深い外交を展開することができると思う」と書いている。石破首相がキリスト教徒であることはアメリカも調査済みで、このことは重要な点としてトランプ大統領にも伝えられたはずだ。ここが重要だったと考えられる。

人と相対（あいたい）する際に「価値観を共有する」ということは重要な要素となる。そして、そこから信頼を得るところまで進むことも可能となる。石破首相は相手に媚びるようなことは苦手だが（さらにトランプが好むゴルフをしない）、それを逆手（さかて）に取って、トランプ大統領の懐に飛び込むことができたと思う。何度も繰り返しているが、トランプは「友達」づくりをしようとしていない。「こいつは取引相手に足る人物か」という基準で判断している。石破首相は、渡米前の週末に対策勉強会を行ったが、それが奏功し、最初の試験にパスした。

2025年2月7日、ホワイトハウスでトランプ大統領と会談する石破茂首相

アメリカ側の同席者は、J.D.ヴァンス副大統領、ピート・ヘグセス国防長官、日本側は岩屋毅外務大臣

トランプ大統領率いるアメリカは関税引き上げと防衛費引き上げを日本に迫ってくるだろう。現在のところ、日本を標的にした関税引き上げは行われていない。日本からアメリカへ輸出される産品に対する関税率は平均すると3％ということになるが、トランプ大統領は選挙期間中から、「10％から20％」と述べていたので、日本もその関税が適用される可能性がある。単純に計算すれば、1万円の物品を輸出すれば、アメリカでは、これまで1万300円で売っていたものが、1万1000円から1万2000円で売らねばならなくなるということで、大きな影響が出ることは容易に想像される。

国防費増額要求をしてくるであろう人物として、エルブリッジ・コルビー（Elbridge Colby、1979年－　45歳）の名前が挙げられる。コルビーは第2次トランプ政権で、国防総省内の序列第3位である政策担当国防次官 Under Secretary of Defense for Policy に就任した。コルビーはトランプ周辺の外交政策に関する重要人物として、たびたび名前が挙がっていた。今回、国防次官としてトランプ政権に参加することになったが、もっと上の職位に就く可能性も取り沙汰されていた。

エルブリッジ・コルビーは、銀行員だった父の仕事の関係で、シンガポールで生まれ、6歳から13歳まで日本に住んでいた。ただし、日本語はできない。ハーヴァード大学卒業後は、

アメリカが日本に防衛費の引き上げを迫ってくるのは必至だ。国防費増額要求をしてくるであろう国防省内の人物として、エルブリッジ・コルビーがいる

エルブリッジ・コルビー
政策担当国防次官

国務省、国防総省などで勤務した。トランプ政権下の２０１７年から２０１８年まで、戦略・戦力開発担当国防副次官補を務め、２０１８年国防戦略（National Defense Strategy、ＮＤＳ）策定で重要な役割を果たした。その後は、対中強硬派・タカ派が集うシンクタンク「マラソン・イニシアティヴ Marathon Initiative」の代表を務めた。

コルビーは「拒否戦略 strategy of denial」という考えで知られている。コルビーの考えと対中戦略については、『アジア・ファースト　新・アメリカの軍事戦略』（奥山真司訳、文春新書、２０２４年）が読みやすい。この本の帯には「日本には大軍拡が必要だ！」と書かれている。拒否戦略とは、中国に対して、地域の各国で「反覇権連合 anti-hegemonic coalition」を結成し、結集した力が中国を倒すのに十分な規模となるように、アメリカが誘導するということだ。そして、対中国連合に参加した国々の軍備を増強するということだ。「拒否」とは中国の覇権 hegemony を拒否するということだ。コルビーは、日本の防衛増額を主張している（『日本経済新聞』紙２０２４年12月23日付記事「米国防次官にコルビー氏　日本の防衛費ＧＤＰ比３％主張」）。

現在、日本はアメリカからの要求に応えるために、防衛費の対ＧＤＰ比を２％に引き上げる施策を進めている。そのために増税が行われている。これがさらに１％も上がることになれば、増税はさらに進み、日本国民の可処分所得はさらに下がることになる。「大軍拡」となれば、国民生活が犠牲になる。

日本を軍拡に誘う言葉には気をつけねばならない。それは、そのような軍拡競争は、安全保障のディレンマ security dilemma に陥る危険があるからだ。安全保障のディレンマとは、自国の安全のために防衛力を強化すると、他国も安全のためにさらなる防衛力を強化するということになり、結局のところ双方が安全を確保することができなくなるということだ。安全保障のディレンマに陥ると、防衛力を国力の限界まで高めることになり、国家にとって利益にならないということになる。安全保障のディレンマに陥らないようにするためには、対話 dialogue（ダイアローグ）や取引が重要である。たとえ敵対関係にあっても対話を拒絶しないことだ。第2章で紹介したトゥルシー・ギャバードの発言を胸に刻み込むべきだ。

日本が中国に軍拡競争を挑んでも勝つことはできない。GDPで見てみれば、中国は世界第2位の約19兆ドル（約2900兆円）、日本は第4位の4兆2000億ドル（約650億円）だ。経済力が5倍も大きい相手に軍拡競争を行う、もしくは戦いを仕掛けるのは狂気の沙汰だ。「日本はアメリカと一緒になって中国と戦うぞ」「日本が軍拡すれば中国は日本に手を出さない」という勇ましい言葉に踊らされてはいけない。中国は日本などはなから相手にしていない。高齢者ばかりの衰退国家を破壊したり、占領したりして、中国に何の利益があるのか。冷静さを保ち、静謐で安定した日中関係を維持することが日本の国益だ。

さらに言えば、アメリカの日本を巻き込もうという動きは、拙著『バイデンを操る者たちがアメリカ帝国を崩壊させる』でも取り上げたバック・パッシング buck-passing 、すなわち「責任転嫁」である。これは、自国は傍観者の立場に立ち、他国に侵略的な国家を抑止する重荷を負わせる、さらには直接対決するように仕向けるという戦略だ。アメリカは日本を焚きつけて、中国抑止の責任を負わせて、自分は何もしないで済むように仕向ける。「日本を二階に上らせてはしごを外す」というようなことを平気でやってくるだろう。アメリカの口車に乗ってはいけない。

日本にとって「外交の多様化」こそが重要だ

石破・トランプ会談決定の報道が出たのは、2025年1月31日だった。同日、中国の王毅外相が「自民党の森山裕幹事長と1月中旬に北京で会談した際、2月前半に中国で開かれる冬季アジア大会に合わせた石破茂首相の訪中を非公式に提案した」という報道が出た（共同通信2025年1月31日付記事「石破首相の2月訪中提案　王外相、対日安定化急ぐ」）。この記事で重要なのは、タイトルにある、「対日安定化を急ぐ」という言葉だ。

これはつまり、「トランプ政権になって大きな戦争はないだろうが、経済問題などで何をしてくるか分からない。日本といがみ合っていても仕方がないので関係を良くしておこう」という意図が透けて見える。トランプの予測不可能性が、中国側の不安感を生み出し、それが日中関係に影響を与え、問題をできるだけ少なくしておこうという行動につながり、結果として、東アジア地域の国際関係に「小康状態」をもたらそうとしている。

記事にある通り、日米首脳会談優先、少数与党で予算成立をさせるための通常国会への対応もあり、石破首相の冬季アジア大会に合わせた訪中はできなかった。しかし、日米首脳会談決定の報道の同日に、このような中国側からの日本側へのアプローチがあったという報道が出ることの意味は大きい。石破首相は近いうちに訪中することになるだろう。

石破首相は、日中国交正常化を成功させた田中角栄（たなかかくえい）（1918－1993年、75歳で没）元首相の薫陶（くんとう）を受けている。さらには、1959年に訪中し、当時の周恩来首相と会談、共同宣言を出すなど日中関係改善に尽力した石橋湛山（いしばしたんざん）（1884－1973年、88歳で没）元首相を敬愛し、所信表明演説で言及した。ちなみに、田中角栄は訪中直前に、病床にあった石橋湛山を訪ね、「石橋先生、中国に行ってきます」と声をかけたのは有名な逸話だ。石破首相は、石橋湛山、田中角栄の系譜に連なる人物である。石破茂首相はすでにインドネシアとマレーシアを訪問し、東南アジア重視の姿勢も見せている。日本が「対米従属」だけをしていればそれで何とかなった時代は過ぎ去ろうとしている。戦後世界の構造の変化、中露をはじめとするグルーバルサウスの台頭に合わせて、外交の「多様化 diversification（ダイヴァーシィフィケイション）」も重要だ。

第5章

トランプ率いるアメリカから離れ、ヨーロッパはロシアに、アジアは中国に接近する

「ヤルタ2・0」が再始動

私は『バイデンを操る者たちがアメリカ帝国を崩壊させる』（徳間書店）の中で、ウクライナ戦争勃発後に、ウクライナを支援する「西側諸国 the West 」対ロシアを支持する「西側以外の国々 the Rest 」の対立構造が明らかになったと書いた。アメリカが率いる西側諸国対中国（とロシア）が率いるそれ以外の国々（非西側諸国）に二分された世界構造が形成されている。これは、「グローバルノース Global North 」と「グローバルサウス Global South 」の対立構造と言い換えても良い。もちろん、きれいに分割されて厳しく対立しているわけではなく、両属、どちらの陣営にも参加している国もある。具体的にはインドやサウジアラビアがそうだ。態度をはっきりさせないというのも生き残りを図るためには重要な戦略である。それでも、世界の趨勢は西側諸国の衰退 decline 、西側以外の国々の台頭 rise である。そうした状況の中で、ドナルド・トランプがアメリカ大統領に返り咲いた。

世界各国は今、「トランプ大統領が何を仕掛けてくるか」で戦々恐々である。中東地域では敵同士としていがみ合っていた当事者たちが、トランプの予測不可能性 unpredictability を警戒し、「ここは争っていても仕方がない。まずは様子見だ」という形で、奇妙な「協力

トランプ、習近平、プーティンの「ヤルタ2.0」が再始動する

『ニューヨーク・タイムズ』紙2017年2月18日付記事「新しいヤルタ」に掲載された写真

1945年2月、クリミア半島のヤルタで開催された米英ソの首脳の会談。左からチャーチル英首相、ルーズヴェルト米大統領、スターリンソ連書記長。

関係」が生まれている。第4章でも述べたが、トランプの存在が世界を「小康状態」に導いている。

　トランプは国際関係において、「友達（仲間）」を作ろうなどとはしていない。すべてが「交渉相手 negotiation partner（ネゴシエイション パートナー）」である。これは国際関係において当然のことだ。アメリカの同盟諸国、友好諸国に対しても甘い顔を見せない。NATO加盟のヨーロッパ各国には「防衛費を対GDP比5％にまで上げろ」「アメリカから石油や天然ガスをもっと買え」という厳しい要求を突き付けている。「お前たちはこれまでタダ飯 free lunch（フリー ランチ）を食ってきたが、これからは許さないからな」ということだ。日本に対しても同じ態度で接してくるだろう。逆に、アメリカに敵対的であったとしても、交渉相手として見なすということもある。トランプは、「交渉」を最重視している。この点が重要だ。交渉が続いている限り、戦争にはならないし、現在続いている戦争でも停戦の可能性が消えるということはない。日中戦争時の近衛文麿（このえふみまろ）（1891－1945年、54歳で没）首相の「国民政府を対手（あいて）とせず」という声明や太平洋戦争開戦の直前に、アメリカの国務長官コーデル・ハル（Cordell Hull、1871－1955年、83歳で没）が日本側に手渡した「ハル・ノート Hull Note」のような最後通告 Ultimatum（アルティメイタム）は戦争に進むしかなくなる。

トランプは前回の大統領の任期中、中国の習近平（Xi Jinping、1953年－　71歳）国家主席、ロシアのウラジーミル・プーティン大統領と個人的な関係を築こうと努力し、首脳会談を重ねた。このことを「新しいヤルタ New Yalta」「ヤルタ2・0 Yalta 2.0」と呼ぶ報道もあった（『ニューヨーク・タイムズ』紙2017年2月18日付記事「新しいヤルタ（New Yalta）」）。第1次トランプ政権では、米中露で協調することで（中国とは貿易戦争があったが）、世界に戦争を起こさないということが実現された。

元々のヤルタ会談とは、第2次世界大戦末期の1945年2月に、アメリカのフランクリン・D・ルーズヴェルト（Franklin D. Roosevelt、1882－1945年、63歳で没）大統領、イギリスのウィンストン・チャーチル Winston Churchill、1874－1965年、90歳で没）首相、ソ連のヨシフ・スターリン（Joseph Stalin、1878－1953年、74歳で没）書記長が行った首脳会談だ。戦後の世界の枠組みが話し合われ、ドイツの米英仏ソの分割管理とソ連の対日参戦が決定された。ルーズヴェルト、チャーチル、スターリンの3人の首脳で戦後世界の方向性を決めた。トランプの再登場によって、世界の枠組みは大きく動いていく。トランプ、習近平、プーティンの「ヤルタ2・0」が再始動し、世界を動かしていく。トランプはアメリカを世界から退かせる。北米大陸、西半球に立て籠もる。そして、ユーラシアとアフリカは習近平とプーティンに任せるということになるだろう。

戦後世界の構造は大きく変化しつつある。第2次世界大戦後から続いた米ソ二極 bipolar（バイポラー）による冷戦 Cold War（コールドウォー）がソ連の消滅によって終わり、20世紀末からは、アメリカ一極 unipolar（ユニポラー）支配構造となった。このアメリカ一極支配構造が崩れつつある。何よりも、中国が力をつけて台頭してきている。さらに、グローバルサウスも勃興し、６００年近く続いた近代西洋支配も終わりを迎えつつある。トランプが再登板することによって、アメリカは世界支配から手を引く、世界から撤退するということになる。こうしてアメリカ一極支配の終焉は加速していく。アメリカは敵対的な姿勢を取りながら世界から引きこもるようになる。世界はこれからの形を模索していく。中国の世界覇権国への道筋がより明確に見えてくることになる。

参加国の増加もあり影響力を高めるＢＲＩＣＳ

グローバルサウスの勃興を象徴するのがＢＲＩＣＳ（ブリックス）の存在感の増大だ。21世紀に入って「これから経済が伸びていく国々」として、「ブラジル Brazil、ロシア Russia、インド India、中国 China、南アフリカ South Africa」という枠組みが提唱された。２０

09年からはブラジル、ロシア、インド、中国、2011年からは南アフリカが加わって、首脳会談を定期開催することになった。5カ国のオリジナルメンバーに加えて、2024年にはイラン、エジプト、アラブ首長国連邦、エチオピアが正式メンバーとなり、2025年にはインドネシアも参加することになった。サウジアラビアは正式メンバーとなったと言われているが、公式には発表していない。

BRICSには、正式メンバーではないが、正式メンバー入りを目指す、それに次ぐ資格である「パートナー国」というカテゴリーが新設され、13カ国が選ばれたという報道があった（時事通信2024年10月25日付記事「新設のパートナー国『公表せず』 BRICS議長プーチン氏、13カ国報道も」）。この記事によると、「パートナー国はアルジェリア、ベラルーシ、ボリビア、キューバ、インドネシア、カザフスタン、マレーシア、ナイジェリア、タイ、トルコ、ウガンダ、ウズベキスタン、ベトナム。ベラルーシのルカシェンコ大統領、ボリビアのアルセ大統領は自国がすでにパートナー国に認められたと発表した」ということだ。

その後、時事通信2025年1月18日付記事「BRICS『パートナー国』に9カ国 ナイジェリアも加入」という記事が出た。この記事では、「9カ国はナイジェリアのほか、ベラルーシ、ボリビア、カザフスタン、キューバ、マレーシア、タイ、ウガンダ、ウズベキスタン」がメンバー国となっている。BRICSは各地域の主要大国が正式メンバーになり、二番手、三番手の国々が準加盟国扱いのパートナー国として参加するようになっている。短期間の間に枠組みを整備し、拡大を続けている。

こうして見ていくと、戦後世界の構造は大きく揺らいでいる。第2次世界大戦後、国際協調、国際協力の枠組みとして、国際連合（United Nations、UN）が1945年に発足した。戦争に勝利した連合国 Allied Powers の中で、主導的な役割を果たした、アメリカ、イギリス、フランス、ソ連（1991年からはロシア）、中華民国（1971年から中華人民共和国）は、戦後結成された国際連合の安全保障理事会（United Nations Security Council、UNSC）の常任理事国（permanent members、P5）となった。国連では安全保障理事会だけが、法的拘束力を持つ決議 resolution を出せる。常任理事国だけがすべての議案に拒否権 veto を持つ。常任理事国の賛成がなければ何事も動かない。国連には別に総会 United Nations General Assembly がある。これはすべての参加国（現在は193カ国）が出席できるが、国連総会で出された決議には法的拘束力はない。安保理常任理事国こそは世界を動かす力を持ち、それに対してのその他の国々の不満が大きくなっており、国連の枠組み自体も揺らいでいる。

ウクライナ戦争勃発後、国連安全保障理事会と国連総会の場で、西側諸国とそれ以外の

2024年10月22・24日、ロシア中部のカザンで開かれた第16回BRICS首脳会議

左からエチオピア・アビー首相、エジプト・シーシ大統領、南アフリカ・ラマポーザ大統領、中国・習近平主席、ロシア・プーティン大統領、インド・モディ首相、ＵＡＥムハンマド大統領、イラン・ペゼシュキアン大統領、ブラジル・ビエイラ外相（ルラ大統領はオンライン参加）

国々との対立の構図が明らかになった。西側諸国はウクライナを支援し、ロシアに制裁を科すことを目指したが、中国とロシアをはじめとする、西側以外の国々がそれに反対した。法的拘束力のない国連総会決議でも、反対国、棄権国が多く出た。アメリカや西側諸国の言うことを唯々諾々（いいだくだく）と聞くという時代ではなくなっている。ウクライナ戦争をめぐる、国連での動きについて、詳しくは、拙著『バイデンを操る者たちがアメリカ帝国を崩壊させる』（徳間書店）を読んでいただきたい。

そもそも、「国際連合」という日本語の訳が実態を隠している。第1次世界大戦後に発足した国際連盟 League（リーグ） of Nations の後継組織かのような誤解を与えるが、国連とは戦争に勝った「連合国」の「戦勝国クラブ」であって、日本は辞（じ）を低くして入れてもらった立場だ。国連憲章には、「敵国条項 Enemy Clauses（エネミー クローゼズ）」がある。これは、第2次世界大戦中に連合国の敵国だった国が、戦争により確定した事項を無効に、または排除した場合、国際連合加盟国や地域安全保障機構は安保理の許可がなくとも、当該国に対して軍事的制裁を課すことが認められる、という条項だ。つまり、第2次世界大戦で敗戦国となった旧敵国（主にドイツと日本）が先の大戦の結果を否定して、何かしらの行動を起こした場合には、周辺国などが攻撃することが認められるということだ。この条文はすでに死文化 dead letter（デッド レター） されているが、削除されているわけではない。日本国内で第2次世界大戦について、「日本は悪くなかった論」を振り回すことは危険な行為であることは理解しておくべきだ。これは世界を敵に回すということと同じことだからだ。

話を戻すと、国連という枠組みは、西側以外の国々、グローバルサウスの国々の声が反映されない形になっている。戦後世界の枠組みとしては先進国首脳会議（G7）があるが、こちらも影響力を失いつつあり、G20 Group of Twenty のほうに力点が移っている。そして、BRICSが台頭しつつある。これが国連に取って代わるということは考えにくいが、国際協調の1つの形として重要性を増していくのは間違いない。

「脱ドル化」の流れを何としても止めたいアメリカ

拙著『バイデンを操る者たちがアメリカ帝国を崩壊させる』（徳間書店）でも詳しく述べたように、BRICSの重要なテーマは、「脱ドル化 de-dollarization（ディダラライゼイション）」である。脱ドル化とは、国際基軸通貨 key currency（キーカレンシー）であるドルだけを使って貿易などの決済 settlements（セトルメンツ）を行う状態から脱するということだ。ドルの基軸通貨としての地位を裏付けているのが、「ペトロダラー体制 petrodollar 」、日本ではオイルダラーと呼ばれる仕組みだ。アメリカは自国で発行したドルで石油を買う。産油国はそのドルを使って、アメリカ国債を購入するという仕組みだ。アメリカ以外の国はドルを発行できないから、石油を買うためにドルを手に入れることに苦労する。極端に言えば、アメリカはドル紙幣を刷れば何でも買えるということになる。アメリカは優越的な地位とそれから得られる利益を長年にわたり享受してきた。

こうした状況に対して、「いつまでドルでのみ貿易決済をしなくてはいけないのか」「どうしてドルでだけで貿易決済をしなくてはいけないのか」という声がグローバルサウスの国々を中心に出てきた。そして、２０２３年頃から、ＢＲＩＣＳ通貨導入という話は出ていた。「bric（ブリック）」という単位になるという話まで出ていた。

第16回ＢＲＩＣＳ首脳会議が２０２４年10月22日から24日にかけて、ロシア中部のカザンで開催された。ブリックス加盟９カ国（ブラジル、ロシア、インド、中国、南アフリカ、エジプト、エチオピア、イラン、アラブ首長国連邦）の首脳が参加した（ブラジルのルラ大統領は健康上の配慮からオンライン参加）。開催地のロシアが議長になって会議は進められたが、ロシア側から、「ＢＲＩＣＳペイ BRICS PAY 」の創設を提案したと言われている。「ＢＲＩＣＳペイ」とは、デジタル決済システムですでに一部で運用されているが、「ＢＲＩＣＳ各国の中銀を通じて、相互に結ばれた商業銀行による決済網を提案したようだ。各国通貨に裏付けされたデジタル通貨の交換を行うことで、ドル決済を回避する狙いがある」ということだ（『*JB press*』２０２４年10月31日付記事「ドル決済から弾かれたロシアが夢想する新決済網「ＢＲＩＣＳペイ」、中印はどこまで頼りになるか？」）。

ロシアはさらに「ＢＲＩＣＳブリッジ BRICS BRIDGE」の使用促進も主張している。こちらもまたデジタル決済システムで、「ＢＲＩＣＳブリッジはブロックチェーン技術を利用し、グローバルな決済における分散型決済システムの実装としては最大級とされている」ということだ（『ブラジル日報』２０２４年9月21日付記事）。

ロシアによるＢＲＩＣＳペイとＢＲＩＣＳブリッジの使用拡大提案は、ウクライナ戦争をめぐり西側諸国からの経済制裁を受けている状況で、ドルを使わない、ドルを基盤とする決済システム使用を迂回(うかい)するために行われている。しかし、加盟国を拡大し、経済面において存在感を増すＢＲＩＣＳ（世界のＧＤＰの約30%を占める）で、ドル回避のデジタル決済が使われるようになれば、ドルの優越的な地位は脅かされることになる。

ＢＲＩＣＳの首脳会議開催前の２０２４年9月、トランプは「脱ドル化」に対して警告を発していた。「ドルを離れるなら、アメリカとのビジネスはなくなる。われわれは物品に1

００％の関税を課すからだ」（『ブルームバーグ日本語版』２０２４年9月8日付記事「トランプ氏、脱ドル化の国々に１００％の輸入関税賦課へ―返り咲きなら」）と述べた。トランプは、ＢＲＩＣＳ（ブリックス）の脱ドル化の動きに対して、「関税をかけるぞ」と厳しい警告を発した。大統領就任後には早速、有言実行で、カナダやメキシコに25％の関税をかけた。

ＢＲＩＣＳ首脳会議の議長国だったロシアのウラジーミル・プーティン大統領は困惑したようだ。プーティン大統領は、トランプの当選直後に、「われわれ、ロシアはいずれにせよ、ドルを拒否しておらず、そうするつもりもない。われわれはドルを決済手段として使用することを拒否されただけだ」「私の意見では、これは米金融当局の側からすると非常に愚かなことだ。なぜならこれまでの米国の全権力はドルに依存しているからだ」と発言している（『タス通信』２０２４年11月18日付記事「ロシアはドル使用を拒絶しない ― プーティン大統領発言 Russia not rejecting dollar use ― Putin 」)。

プーティンの論理は、「私たちは貿易決済でドルを使えない。だから、代替手段を模索しているだけだ」というもので、これをさらに敷衍すれば、「アメリカと西側諸国が私たちに科している経済制裁を止めればそんなことはしない」ということになる。トランプ大統領の返り咲きによって、ウクライナ戦争停戦も視野に入るとなれば、経済制裁も解除（一部でも）の可能性も出てきた。ここで無理に、脱ドル化の動きを進めるのは得策ではないとＢＲ

ＩＣＳ側は考えるだろう。

グローバルサウスの大国としてさらに存在感を増すインドネシア

ＢＲＩＣＳの新たな加盟国となったインドネシアは経済的に勃興しつつあり、これから世界大国 global power（グローバルパウア） への道を進む。すでに東南アジアの地域大国 regional power（リージョナルパウア） となっている。グローバルサウスの主要国の一角を占めるまでになっている。さらには、ＢＲＩＣＳの正式な加盟国となった（読売新聞２０２５年1月5日付「インドネシアがＢＲＩＣＳ加盟…議長国ブラジル『グローバル・サウスの協力強化に貢献』」）。東南アジアではマレーシア、タイ、ヴェトナムが準加盟国扱いの「パートナー国」となっている（ヴェトナムは公式に認めていない）。東南アジア全体は世界の経済成長エンジンとなっており、グローバルサウス台頭の原動力となっている。

インドネシアの人口は約2億７０００万人で世界第4位、世界最大のイスラム教国だ。ＧＤＰは２０２３年時点で、約1兆３７００億ドル（約２０６兆円）で世界第16位であるが（日本は約4兆２２００億ドル［約６３３兆円］で世界第4位）、２０５０年頃には、日本やドイツを追い越すという試算もある。旧宗主国 colonial master（コロニアル マスター）であるオランダをすでにＧＤＰで追い抜いている。これはグローバルサウスの勃興を象徴する出来事である。

２０２０年のインドネシア国民の年齢の中央値は31歳（２０２４年）だ。日本は世界第2位の49歳だ。インドネシアは大変若い国であり、これから若い人々が労働者・消費者として、活発な経済活動、社会活動をしていく。それがさらなる経済発展につながる。若い人々が多い状況を「人口ボーナス demographic bonus（デモグラフィック ボーナス）」と呼ぶ。インドネシアは人口の面から見ても、これから大きく発展していく国だ。インドネシアは、ジョコ・ウィドド（Joko Widodo、１９６１年－63歳　在任：２０１４－２０２４年）大統領時代に年率４％から５％の経済成長を確実に進めた。豊富な天然資源を持ち、現在は製造業振興へと移行している。

インドネシアは世界最大のニッケル産出量を誇るが、ニッケルを必要とする電気自動車（electric vehicle（エレクトリック ヴィークル）、ＥＶ）の国産化を進めている。中国企業がすでに多く進出し、バッテリー工場を操業させている。一方で、インドネシアはニッケル輸出を背景にして、アメリカと二国間自由貿易協定を結ぶことを求めている。バイデン政権下では電気自動車に対して補助金が出されていたが、貿易協定がない国からの原料を使っている場合にはその対象外とされた。そのために、インドネシアからのニッケルやバッテリーが使えないということになった。インドネシアはそれに対して、「うちが世界の半分にニッケルを産出しているのにそれが使

2025年1月、BRICSの正式加盟国となったインドネシアは益々存在感を増している

ジョコ・ウィドド前大統領

プラボウォ・スビアント現大統領

ギブラン・ラカブミン・ラカ
副大統領
ジョコ・ウィドドの長男

えなくてよいのか」という一種の圧力をアメリカにかけた。

インドネシア海洋・投資担当調整大臣であるルフット・ビンサル・パンジャイタン（当時）がアメリカの外交専門誌『フォーリン・ポリシー』に２０２４年5月1日付で「インドネシアのニッケルなしでは、ＥＶにアメリカの未来はない（Without Indonesia's Nickel, EVs Have No Future in America）」という論稿を投稿した。それから3週間後、テスラを率いるイーロン・マスクがインドネシアを訪問し、ジョコ・ウィドド大統領と会談し、バッテリー工場建設を考慮すると述べた（ロイター通信２０２４年5月20日付記事「マスク氏、インドネシア大統領と会談　ＥＶ電池工場の建設検討へ」）。イーロン・マスクがトランプ政権で大きな影響力を持つことを考慮すると、インドネシアとアメリカの自由貿易協定に何らかの動きがあることも考えられる。

ジョコ大統領は、憲法の規定で（2期10年まで）、大統領は退任することになり、後継としてプラボウォ（Prabowo Subianto、１９５１年－73歳）を支持した。そして、副大統領候補には長男ギブラン（Gibran Rakabuming Raka、１９８７年－37歳）を擁立し、プラヴウォとギブランは２０２４年の大統領選挙で当選を果たした。ウィドドは大統領職を退いたが、まだ63歳と若く、息子を副大統領に送り込み、「後ろから政権を指揮する leading from behind（ビハインド）」ことになる。インドネシアは世界大国への道を進む。

日本にとってもインドネシアとの関係は重要だ。それを示しているのは、2025年1月9日から12日にかけて、石破茂首相がマレーシアとインドネシアを訪問した事実だ（ブルームバーグ日本版2025年1月11日付記事「石破首相、インドネシア大統領と安保・エネルギー連携強化で合意」）。日本とインドネシアは第2次世界大戦後も良好な関係を保ってきたが、インドネシアの国際的地位の向上も視野に入れ、世界構造の変化に対応するために、関係を深化させる必要がある。

サウジアラビアは脱ドル化を睨み中国にシフトしながらもアメリカとの関係を継続

サウジアラビアは中東地域の地域大国であり、アメリカにとっての重要な同盟国である。バイデン政権下、サウジアラビアはイスラエルとの国交正常化を進めていたが、2023年10月からのイスラエル・ガザ紛争によってその動きも頓挫（とんざ）してしまった。サウジアラビアはイスラエルとの国交正常化に後ろ向きになり、イスラエルとの国交正常化の条件はパレスティナ国家の樹立だという、イスラエルに対して非常に厳しい条件を設定した（『ロイター通信』2024年9月19日付記事「サウジ、パレスチナ国家樹立がイスラエルとの国交条件＝皇太子」）。この条件の厳しさは状況によって変化することも考えられるが、今のところ、イスラエルとの国交正常化は凍結される形になった。

一方で、敵対関係になっていたイランとは、中国の仲介で関係修復を行っている（2023年3月）。親米のサウジアラビアと反米のイランの対立は中東地域を不安定化させる要因であったがそれが取り除かれることになった。戦後、サウジアラビアもイランも親米絶対王政体制の石油産出国であったが、1979年のイラン・イスラム革命によってイランの王政が打倒され反米に転じた。イスラム革命の波及を恐れてサウジアラビアはイランと対立することになった。2015年に始まったイエメン内戦では、体制派をサウジアラビアが支援し、反体制派のフーシ派をイランが支援してきた。

サウジアラビアはアメリカとの同盟関係を維持しながら、石油取引を通じて、中国との関係も深化させており、「八方美人」外交を展開している。BRICSの正式メンバーになりながらそのことをはっきりと明言しないというのもその八方美人外交の一環だ。態度を曖昧にして、敵と味方をはっきりとさせないで、どことも付き合うというのは賢い戦略である。中東地域において、アメリカの影響力が減退し、これまでの構図が崩れる中で、サウジアラビアは地域大国としての地位を確保しつつ、石油依存の経済構造からの脱却を目指して動き始めている。

変化を見せているサウジアラビアを率いているのは、ムハンマド・ビン・サルマーン（Mohammad bin Salman Al Saud、1985年‐　39歳）王太子だ。王太子ではあるが、首相や経済開発評議会Council of Economic and Development Affairs議長を務めている。ムハンマド王太子はトランプ大統領の娘婿ジャレッド・クシュナーと良好な関係を築いている。クシュナーはサウジアラビアから資金を提供してもらってファンドを運営している（『ニューズウィーク日本版』2024年12月27日付記事「2025年『中東のキープレーヤー』はムハンマド皇太子…トランプと家族ぐるみの『サウジの若きリーダー』」）。サウジアラビアは、原理原則に固執し、人権重視だったジョー・バイデン政権下とは異なり、トランプ政権では、柔軟な対応をすることになるだろう。

サウジアラビアは中東地域におけるアメリカの重要な同盟国ではあるが、中国との関係を深めている。中国との貿易取引において人民元使用が増大しており、それが石油取引にも拡大する可能性が高まっている。人民元使用にはまだ障害も残されており、ドルの地位に取って代わるものではないが、サウジアラビアが石油依存経済からの脱却や中国からの投資の誘致においては人民元活用の幅が広がる（『*ARAB NEWS Japan*』2024年8月21日付記事「拡大するサウジと中国の関係が人民元ベースの石油取引につながる可能性：S&P」）。

サウジアラビアはアメリカ一辺倒から脱却し、中国との関係を深めている。しかし、中国に寄り過ぎないように注意している。人民元使用を増やしながらも、「脱ドル」の動きに参加していると見られないように、ＢＲＩＣＳに正式加盟していることを公的には認めない。トランプ大統領再登板によって、脱ドル化の動きは目立たないように、スピードを落とすことになるだろう。

サウジアラビアは「八方美人」外交を展開している。アメリカが築いたペトロダラー体制で石油依存経済を続けていたが、それから脱却しようとしている。このような柔軟な外交姿勢は日本にとっても参考になる。

宇宙開発やＡＩで続く米中軍拡競争

宇宙開発やＡＩ分野において、米中は激しく開発競争を行っている。イーロン・マスクのスペースＸ社やピーター・ティールのパランティア社が「新・軍産複合体」づくりを進めていることは第１章で述べたが、中国も黙って指をくわえて傍観しているわけではない。中国はアメリカの動きに対抗しようとしている。

中国では最高指導部層に宇宙開発経験者を抜擢（ばってき）し、アメリカとの競争に備えている。『*Think Asia*』誌2022年9月9日付記事「習近平時代での「宇宙クラブ」の急速な台頭：第20回中国共産党大会に向けたカウントダウン The rapid rise of 'the cosmos club' in the Xi Jinping era: Countdown to the 20th Party Congress」によれば、中国の指導部層に国防・航空宇宙産業出身者たち、中国語では、「軍工航天系 jungonghangtianxi」、航天系hangtianxi」、「宇宙帮 yuzhoubang」と呼ばれている人々が多く登用されている。宇宙開発競争は国家の安全保障にかかわる重要な問題となっている。

『*BUSINESS INSIDER JAPAN*』2025年1月17日付記事「中国がスターリンク衛星群「追跡」シミュレーション。12時間でスペースXの1400基をロックオン」によれば、『スペースX』のスターリンク衛星群を標的にした宇宙作戦のコンピューターシミュレーション」が実施され、「わずか99基の中国の衛星を駆使し、12時間以内に約1400基のスターリンク衛星に効果的に接近できることが分かった。中国側の衛星には偵察や追跡、その他の作戦を行うためのレーザーやマイクロ波などの装置を装備できるという」ことだ。

スターリンクは、日本でも運用が始まっているが、スペースX社が提供している、衛星を使ったインターネット接続サーヴィスだ。ウクライナ戦争では、イーロン・マスクがいち早くウクライナ側に無償で提供した。これによって、スターリンクの実用性がテストされたわけだが、宇宙戦争では米中間で、衛星に対する攻撃が行われ、それが地上に住む私たちの生活に大きな影響を与えることになる。第1次世界大戦で初めて登場した、戦闘機や戦車が、第2次世界大戦までにどれほど進化したことを考えると、宇宙開発技術の発展は恐ろしい未来を招くことになる可能性がある。

ＡＩ分野でも米中両国は激しくつばぜり合いを続けている。２０２５年に入って、話題となっているのが中国発のＡＩである「DeepSeek（ディープシーク）」だ（日本経済新聞２０２５年1月27日付記事「米中ＡＩ戦争に新たな火種　中国発『DeepSeek』が脅威に」）。ディープシークは開発費が約５６０万ドル（約9億円）と言われており、それで、オープンＡＩ社の「ChatGPT」と同程度の性能を持つということだ。DeepSeekの出現を受けて、アメリカの半導体関連の株価が急落した。アメリカはＡＩに関しては、中国に対して優位性を保っているという自信を持っていたが、それが覆された形になり、ソ連が人類初の人工衛星「スプートニク」の打ち上げに成功したことで（１９５７年）、西側諸国に衝撃が走ったスプートニク・ショックSputnik crisis（クライシス）を彷彿（ほうふつ）とさせる。

第1章で触れたが、サム・アルトマン（Samuel H. Altman、１９８５年-　39歳）率いるオープンＡＩ社は、ピーター・ティール率いるパランティア社とパルマー・ラッキー率いるアンドゥリル社が国防総省とのさらなる契約（予算分捕り）を目的とする企業コンソーシアムに参加している。ＡＩ技術は軍事分野において重要性を増している。中国がアメリカに追いつき追い越せという状況になっているのは、第２次世界大戦末期以降の、核兵器開発競争を思い出させる。アメリカは１９４５年に原子爆弾開発に成功し、広島と長崎で使用し、世界に衝撃を与えた。その４年後の１９４９年にはソ連が原爆開発に成功し、さらに１９６４年には中国が原爆開発に成功した。ＡＩ技術開発競争を核兵器開発競争と重ね合わせて、憂慮していたのがヘンリー・キッシンジャーだった。

キッシンジャーは最後の論文で米中ＡＩ軍拡競争を憂慮していた

ヘンリー・キッシンジャー（Henry Kissinger、１９２３－２０２３年、１００歳で没）は１９７０年代からアメリカの外交政策分野において大きな影響力を行使してきた。死の直前まで、世界大戦の勃発を防ぐために活動してきた。ハーヴァード大学の教授から、リチャード・ニクソン（Richard Nixon、１９１３－１９９４年、81歳で没　在任：１９６９－１９７４年）政権の国家安全保障問題担当大統領補佐官（在任：１９６９－１９７５年）、ジェラルド・フォード（Gerald Ford、1913－2006年、93歳で没　在任：1974－1977年）政権の国務長官（在任：1973－1977年）に転身した。大統領補佐官と国務長官を兼務したのはキッシンジャーしかいない。その後は、国際コンサルティング企業キッシンジャー・アソシエイツ社 Kissinger Associates を設立し、また、外交評議会（Council on Foreign Relations、CFR）を舞台に政策提言を行った。キッシンジャーは、晩年になっても、ロシアや中国を精力的に訪問し、ロシアのウラジーミル・プーティン大統領や中国の習近平国家主席と会談を行った。アメリカと中露両国が深刻な対立関係に陥らないように腐心していた。

また、ドナルド・トランプは、大統領選挙期間中の2016年5月18日にキッシンジャーの邸宅を訪問し、会談を行った。当選後の11月17日にはキッシンジャーはトランプタワーを訪問し、再び会談を持った。キッシンジャーとトランプとの間を取り持ったのは、娘婿のジャレッド・クシュナーである。キッシンジャーがトランプと習近平、プーティンとの間を仲介したということになる。

ヘンリー・キッシンジャーは、教え子であるハーヴァード大学教授グレアム・アリソン（Graham T. Allison、1940年－　84歳）と共著で『フォーリン・アフェアーズ』に、20

最後の論文で米中軍拡競争を深く憂慮していたヘンリー・キッシンジャー

共著者のグレアム・アリソン・ハーヴァード大学教授は、キッシンジャーの教え子だ

２３年10月13日付で「ＡＩ軍備管理への道（The Path to AI Arms Control）」という論文を発表した。これがキッシンジャーにとって最後の論文となった。副題は「アメリカと中国は大惨事を避けるために協力しなければならない（America and China Must Work Together to Avert Catastrophe）」である。共著者のアリソンについて簡単に紹介すると、キューバ危機（１９６２年）の研究から、軍備管理 Arms Control に研究対象を拡大した学者だ。アリソンはまた、クリントン政権で政策・計画担当国防次官補 Assistant Secretary of Defense for Policy and Plans を務めた（在任：１９９３－１９９４年）。この時の任務は、旧ソ連から離脱し、独立したウクライナ、ベラルーシ、カザフスタン国内に残った旧ソ連の核兵器の削減であった。

この論文でキッシンジャーとアリソンは、人工知能（ＡＩ）の制限のない進歩はアメリカと世界に大惨事を招くと結論づけ、ＡＩの制限について、第２次世界大戦後の冷戦期における、アメリカと当時のソ連が協力して行った核兵器の軍備管理から教訓を得るべきだと主張した。米ソ間で核兵器開発が進み、核兵器の質と量は増大した。米ソ間で核兵器が使用される事態になれば、米ソ両国はどちらも勝者にはなれないどころか、世界も滅んでしまうというところまで進んでしまった。その結果、米ソ両国は協力して、核兵器の拡散を防ぎ（大国だけが持てるようにする）、核兵器開発を管理する枠組みを作り出した。こうした歴史からの教訓をＡＩ技術開発にも適用すべきだとキッシンジャーとアリソンは主張している。

ＡＩ技術開発が核兵器開発と並べて議論されるというのは、一般的な感覚ではピンとこないが、本書で見てきたように、実際には軍備においてＡＩ技術は重要な役割を果たすようになっている。そして、ここが現在の最前線で米中が激しく争っている。それが過熱しないようにというのがキッシンジャーとアリソンの考えだ。

キッシンジャー最後の論文の共著者となったグレアム・アリソンとはどんな人物か

キッシンジャーは老体を引きずるようにして、中国やロシアに飛び、習近平やプーティンと会談を重ねた。亡くなる直前まで、米中露の間で不測の事態、武力衝突やそこから進んで核戦争が起きないように努力を続けた。しかし、残念なことに、キッシンジャーは昨年亡くなった。キッシンジャーほどの大物はもう出てこないだろう。しかし、それでも、キッシンジャーの考えを引き継いで、努力をしている人物がいる。

それがハーヴァード大学教授グレアム・アリソンだ。一般にはあまり知られていない人物であるが、政治学の世界では大物学者であり、１９６０年代にハーヴァード大学教授を務めていたキッシンジャーの弟子となり、育てられた人物だ。冷え込む米中関係の悪化を防ぐために、アリソンはキッシンジャーほどではないが、中国を訪問し、最高指導層と対話を重ねている。

　グレアム・アリソンについて簡単に紹介する。アリソンは、１９６２年にハーヴァード大学を卒業後、マーシャル奨学金を得て、オックスフォード大学に留学し、１９６４年に学士号と修士号を取得した。その後は、ハーヴァード大学大学院に進み、１９６８年に政治学で博士号を取得した。ハーヴァード大学時代に教えを受けたのがキッシンジャーだった。そのままハーヴァード大学政治学部の助教になり、１９７０年には准教授、１９７２年には教授に昇進した。これだけ短期間に昇格し、30代前半で名門ハーヴァード大学教授になるというのはよほどの優秀さがなければ不可能なことだ。

　アリソンは、１９７１年に著書『決定の本質　キューバ・ミサイル危機の分析 *Essence of Decision: Explaining the Cuban Missile Crisis*』を発表し、これが高い評価を受けた。この著作は、アリソンの博士論文を基にした著書だ。『決定の本質』は政治学の中でも国際関係論、特に外交政策分析分野において、教科書として使われるほどの名著だ。アリソンは、キューバ危機の事例研究 case study（ケース スタディ）から、外交政策決定過程の３つのモデルを提示した。それらを説明すると以下のようになる。

（1）「合理的行為者モデル Rational Actor Model（ラショナル アクター モデル）」では、国家は最高指導者の意思や考えが反映されるもので決定は集権的になる。キューバ危機で言えば、アメリカはジョン・F・ケネディと側近たちの考えに基づいて意思決定されたということになる。

（2）「組織過程モデル Organizational Process Model（オーガナイゼイション プロセス モデル）」では、政府内の各組織の構造や特徴、組織文化、力関係が意思決定に反映される。組織の利益が優先される傾向にある。キューバ危機ではホワイトハウス、国務省、国防総省、空軍や海軍といった組織の駆け引きによって意思決定されたということになる。

（3）「官僚政治モデル Bureaucratic Politics Model（ビューロクラティック ポリティックス モデル）」は、個人の役割をより重視したモデルだ。個人の駆け引きがポイントになる。キューバ危機では、大統領、副大統領、国防長官、国務長官、国家安全保障問題担当大統領補佐官など数十名が関与した。これらのモデルはアメリカ以外の外交政策決定分析にも使われ、また、さまざまな要素を加えた応用も行われている。アリソンは国際関係論分野における重要な学者だ。

ヘンリー・キッシンジャーの教え子であるグレアム・アリソンが中国最高指導部と会談を持つ意味

アリソンは「トゥキュディデスの罠 Thucydides Trap（トラップ）」という言葉を作ったことで注目

を集めた。「トゥキュディデスの罠」という言葉は、日本の新聞や雑誌の論説ページでも使われるようになっている。トゥキュディデスの罠の、トゥキュディデス（Thucydides、紀元前460年頃-紀元前395年、65歳頃に没）は古代ギリシアの歴史家だ。アテネとスパルタの戦いであるペロポネソス戦争（紀元前431-紀元前404年）にアテネの将軍として参加したが（紀元前424年）、指揮の失敗があり（紀元前422年）、20年間の追放刑となった。アテネの降伏（紀元前404年）で戦争が終結すると、アテネに帰還し、ペロポネソス戦争について描いた『戦史 *History of the Peloponnesian War*』を著した。ペロポネソス戦争は、軍事大国としてギリシアの覇権を握っていたスパルタに対して、経済力を背景に新興大国として力をつけたアテネが挑むという構図の戦いだった。

トゥキュディデスの罠は、ペロポネソス戦争の構図から、既存の覇権大国と新興大国の間に緊張関係が起き、さまざまな面での摩擦が激化し、双方が望んでいないにもかかわらず、戦争に至ってしまうという考え方だ。

アリソンは、2012年8月22日付でフィナンシャル・タイムズに「トゥキュディデスの罠が太平洋において跳ね返っている（Thucydides Trap has been sprung in the Pacific）」という記事を掲載した。この記事の副題は「グレアム・アリソンは中国とアメリカは現代のアテネとスパルタだと述べた」である。アリソンは、「台頭と恐怖 rise and fear（フィアー）」という言葉が重要だと指摘し、米中の指導者たちはより率直に諸問題について話し合うことが必要だと主張している。ヘンリー・キッシンジャーは、指導者たちを仲介する役割を果たしていた。キッシンジャー亡き後、彼ほどの能力を持つ人間は存在しないが、それでもアリソンは何とかキッシンジャーの役割を引き継ごうとしている。

アリソンは、最近になってたびたび訪中している。そのたびに中国の最高指導部の要人たちと面会している。2024年3月に中国に9日間滞在した。経済代表団と共に習近平国家主席と王毅（Wang Yi、1953年－71歳）外交部長と会談を持った。この時の会談で、アリソンは「米中両国はトゥキュディデスの罠を避けることが重要だ」と述べた。この時期、アメリカ大統領選挙では、トランプがバイデンを大きくリードしており、トランプ返り咲きの可能性が高いと言われていた時期だ。アリソンは習近平に「トランプとは首脳会談を何度もしているから話せるはずで、是非対話をしてもらいたい」と述べたと考えられる。

2024年12月19日には、中国共産党序列第4位の王滬寧（Wang Huning、1955年－69歳）中国人民政治協商会議（Chinese People's Political Consultative Conference、CPPCC）主席と会談を持った。王滬寧は政治家であるが、国際関係論の政治学者でもある。江沢民（Jiang Zemin、1926－2022年、96歳で没）、胡錦濤（Hu Jintao、1942年ー82歳)、習近平と3人の最高指導者に理論家として仕え、「三代帝師」「中国のキッシンジャー」と評される人物だ。

在米中国大使館のウェブサイトにその時の様子が紹介されている。それによると、王滬寧は「トゥキュディデスの罠は歴史的な必然ではないと指摘し、中国とアメリカは対話とコミュニケーションを強化し、さまざまな相違点を適切に管理し、協力を通じて互いの成功を助け、さまざまな世界的課題に協力して対処すべきだと付け加えた」ということだ。これに対して、アリソンは、「アメリカと中国はトゥキュディデスの罠に陥ることを避けるべきであり、相互に良い関係で物事を進めていくための正しい方法を見つけることは米中両国にとって、そして世界全体にとって重要である。引き続き両国間の意思疎通の強化を促進し、二国間関係の安定した発展に貢献する意欲を表明した」という。

トランプ当選後の会談で、王滬寧とアリソンはトランプ政権発足後を念頭に置いて、「米中対話」を模索するということを述べている。宇宙開発やAIで激しい開発競争を続ける中で、それらが行き過ぎて、緊張関係が高まり、予期しない、望まない戦争になるということだけは避けるという決意を明らかにしている。ジョー・バイデン政権下では米中関係は進展しなかった。トランプ政権下では、世界構造が大きく変化する時代に合わせた、米中間の対話の枠組みが構築されるということも考えられる。

トランプが進めるアメリカ一極の世界支配の終焉によってユーラシアに「奇妙な」団結が生まれるだろう

トランプは選挙期間中から述べてきたことをそのまま実行している。隣国であるカナダやメキシコに対しても厳しい要求を突き付けている。これはブラフを仕掛けて、妥協を引き出そうとするトランプ流の交渉テクニックをベースとしているが、「トランプは何をするか分からない」という不安感と恐怖感で、主導権を握るやり方だ。落としどころは常識的な範囲となることが多い。激しい言葉をそのまま実行するわけではないので、カナダがアメリカに合併されることはないし、メキシコも麻薬カルテル対策はメキシコ政府自体が実際に本腰を入れるべき問題（アメリカへの支援要請を含む）なのだから、そこは交渉次第となる。

トランプは国際関係について冷酷だ。「友達（仲間）を作る」という甘い考えは彼の頭にはない。そもそも、国際関係においてそれは正しい考えだ。国際関係と個人の生活はまったく別物だ。「国益のために従わせ、利用する、場合によっては搾取する（金をむしり取ってアメリカに持って帰る）」「場合によっては良い顔を見せる」ということしか考えていない。

そして、何よりも、アメリカが世界を支配するということについて、コストばかりがかかって馬鹿らしいという考えもトランプからは透けて見える。アメリカにとっての直接的な脅威がないのに、世界中に米軍を駐留させている（トランプから見ればアメリカの自腹で）のは無駄ということになる。アメリカによる一極支配ではなく、外国とは一対一で高圧的に交渉して（アメリカの国力が圧倒的に上の場合）、利益を得ていく。それが難しそうな場合には硬軟取り混ぜた揺さぶりをかけながら交渉して、利益を得ていくということになる。

トランプにしてみれば、ヨーロッパ（冷戦期は西ヨーロッパ）は戦後アメリカが守るべき対象になったが、それは裏を返せば、「金食い虫money pit（マネーピット）」でしかなく、自立する気概もない存在ということになる。一方で、アメリカと競うだけの力と気概を持つ中国とロシアのほうをトランプは高く評価していると考えられる。彼の評価とは「ディール（取引）をするに値する相手かどうか」ということだけだ。北朝鮮にしても「核兵器を持っていて危ないから」ということはあるが、タフな交渉を行う相手として認めているところがある。

トランプはアメリカの国是であるモンロー主義を再興させようとしていると書いた。そうなると、トランプは、ヨーロッパとの関係を見直し、甘やかさない方向に進む。「自分たちの抱える問題は自分たちの力で対処しろ」ということになる。ヨーロッパは自立を促されることになるが、アメリカが頼れないとなれば、これまでのようなアメリカ依存から脱却して、中露に接近せざるを得なくなる。エネルギーや産品の輸出先として、中露との関係を改善し、深化させるしか、ヨーロッパに生き残る道はない。そのために重要になるのが、中国が推進する一帯一路計画（One Belt One Road Initiative、OBOR）であり、北極海航路だ。

アメリカが北米、西半球に立て籠もり、他国に対して厳しい要求を突きつけることで、ユーラシアは「奇妙な」団結が生まれるだろう。ヨーロッパ諸国としては、民主国家であり、価値観を共有していると考えてきたアメリカから厳しい態度を取られることで、仕方なく、非民主国家であり、価値観を共有しない中国、ロシアとの結びつきを深めなくてはならなくなる。それは、ヨーロッパ諸国が望んだことではないが、そうせざるを得なくなる。トランプの再登場によって世界は大きく動いていくことになる。中国の進出もあり、経済発展著しいアフリカについて、トランプはもうアメリカの出番はないので、中国（習近平）とロシア（プーティン）に任せようということになるだろう。これが「新しいヤルタ体制」ということになる。

トランプ大統領返り咲きは日本がアメリカとの関係を真剣に考え直すきっかけになる

第4章でも触れたように、トランプ大統領の返り咲きは、日本がこれからの世界での立ち位置を考えるきっかけとなる。「アメリカと日本は友達ではない」ということをトランプ大統領は私たちに教えてくれる。友好国であろうと敵対国であろうと扱いは変わらない。国際関係には「取引相手」がいるだけだ。アメリカと日本の関係は帝国（宗主国）・属国（植民地）関係だ。「日本はアメリカに逆らうことはできないし、逆らっても良いことはない。アメリカに従っていることが日本のために良いことだ」という考えが、太平洋戦争での惨めな敗戦後の日本の非公式の「国是（こくぜ）」だった。冷戦下、アメリカは日本という存在を大事にしてくれた。経済成長を手助けしてくれた。もちろん、それはアメリカの国益にかなうことだったからだ。しかし、そのような状況は終わりを迎えつつある。

第4章で触れたように、アメリカは単独では中国に対応できないということで、日本に負担をさせようとしている。これは、拙著『バイデンを操る者たちがアメリカ帝国を崩壊させる』で取り上げたバック・パッシング、「責任転嫁」である。

そのように、日本を「利用」しようとしてくるアメリカに日本がほいほいと乗せられて、中国と対決するような状況に追い込まれることが最も怖いことだ。「まさかそんなことが起きるはずはない、考え過ぎだ」「いくら何でも日本と中国が武力衝突するなんてことはない」と考える人もいるだろう。しかし、突発的な出来事で戦争まで進んだ例はいくらでもあるし、戦争を起こそうとしてそのような出来事を仕組むということは、満州事変（１９３１年）や日中戦争（１９３７－１９４５年）を見れば当たり前にあることだ。

2024年7月に、日本の海上自衛隊の護衛艦「すずつき」が東シナ海の中国の領海に事前連絡なしに侵入するという事件が起きた。艦長は「重大なミス」を理由に更迭された（日テレNEWS 2024年9月24日付記事「海自護衛艦の中国領海への『誤侵入』めぐり艦長更迭していた」）。この記事で重要なポイントは、自衛隊関係者の話として、「単純なミスで侵入することは考えにくい。対中関係への影響を考えて『ミス』としたのではないか」と書かれていることだ。

「単純なミス」ではない、そんなミスは起こり得ないということだと、「すずつき」の艦長が確固とした意図をもって侵入したということになり、これは大変危険な行為だ。中国海軍との間で不測の事態発生、具体的には中国海軍の艦艇との間での武力衝突ということも可能性としてあった。そして、「すずつき」の艦長はそのようなことが起きることも想定して、領海侵犯を行った可能性がある。艦長の背景は分からない。ただ、残念なことに、中国との間で武力衝突を誘発したいと考える自衛隊将官がまったくいないとは言い切れない。

日中両国は武力衝突が起きないように、慎重のうえにも慎重を期して、行動しなければならない。ちょっとでも隙を作ってしまえば、そこから崩れて、武力衝突ということになりかねない。アメリカの好戦主義者（ウォーモンガーズ）たちをはじめとして、日米中にはそのような事態を招来することを望む勢力がいることを忘れてはいけない。戦争を望まないトランプが大統領に返り咲いたことをきっかけにして、世界は小康状態、そして平和に向かっていく。日本は対米従属から脱却する道を模索することになる。

あとがき

昨年（2024年）、アメリカ大統領選挙が進む中で、私の周りで、「トランプさんはおかしい人だから、何をするか分からない」ということを言う人たちが多くいた。「トランプは狂人 madman（マッドマン）だから、核戦争を引き起こす可能性が高い」というような扇動（せんどう）的な記事がインターネットに出ていたこともある。本書を読んで、こうした考えは誤りだということに気づいてもらえたと思う。

ドナルド・トランプは合理的（利益のために最短のルートを選ぶことができる）で、めちゃくちゃなことをやるのではなく、そこには意味や理由がきちんと存在する。トランプ政権で大きな影響力を持つイーロン・マスクについてもそうだ。合理性を追求するあまりに、常識や慣例に縛られないので、結果として、非常識な行動をしているように多くの人たちに見られてしまうが、中身を見れば極めて常識的だ。本書で取り上げたように、トランプ、マスクの裏にはピーター・ティールが控えている。ピーター・ティールもまた同種の人間だ。彼らは自己利益を追求しながら、アメリカに大変革（だいへんかく）をもたらそうとしている。

トランプは、激しい言葉遣いや予想もつかない行動、常人には思いつかないアイディアを駆使して、相手に「自分（トランプ）は常人（じょうじん）とは違う狂人（きょうじん）で、予測不可能だ」と思わせ、相手を不安と恐怖に陥れて、交渉などを有利に進める方法を採る。これを「狂人理論 madman theory（マッドマン セオリー）」と呼ぶ。トランプはこの方法を使って、現在、アメリカ国内と世界中の人々を翻弄している。しかし、トランプのこれまでの行動を見れば、必要以上に恐れることはないということが分かる。「狂人理論」を使う人間は本当の狂人ではない。トランプの交渉術だと分かっていれば、落ち着いて対処でき、落としどころを見つけることができる。トランプは、「有言実行 walk the talk（ウォーク ザ トーク）」の人物であるが、自身の言葉に過度に縛られず、取引を行う柔軟性を持つ。この点がトランプの強さだ。

本書で見てきたように、トランプ返り咲きによって、世界は小康状態 lull（ロル）に向かう。大きな戦争は停戦となる。実際にイスラエル・ガザ紛争は停戦となり、ウクライナ戦争も停戦に向かう動きになっている。これだけでもトランプの功績は大きい。トランプは、大統領就任式の演説で述べたように、「終わらせた戦争」「（アメリカが）巻き込まれない戦争」によって評価されることになる。同時に、しかし、アメリカの製造業回帰、高関税は世界経済にマイナスの影響をもたらすことになる。これから、そのマイナスをどのように軽減するかについて、取引（ディール）が行われることになる。日本にも厳しい要求が突きつけられることになるだろうが、トランプを「正しく」恐れながら、落ち着いて対処することが必要だ。

そのためには、トランプ政権が行う施策や行動の根本に何があるかということを理解しておく必要がある。そうでなければ、表面上の言葉や行動に驚き、翻弄され、おろおろするだけになってしまう。私は、本書を通じて、第2次トランプ政権の行動の基本、原理原則を明らかにできたというささかの自負を持っている。


本書は2024年12月から準備を始め、2025年1月から本格的に執筆を始めた。2025年1月20日のトランプ大統領の就任式以降の、怒濤（どとう）のような激しい動きを取り入れて、可能な限りアップデイトしたが、皆さんのお手許に届く頃には古くなっているところもあるだろう。あらかじめご寛恕をお願いする。

これからの4年間は、第2次トランプ政権が何を成し遂げ、何に失敗するかを、そして、世界構造が大きく変化する様子を目撃する刺激的な4年間となる。

最後に、師である副島隆彦（そえじまたかひこ）先生には、現在のアメリカ政治状況分析に関し、情報と助言をいただいたことに感謝申し上げます。秀和システムの小笠原豊樹編集長には本書刊行の過程を通じて大変お世話になりました。記して感謝します。

２０２５年２月

古村治彦（ふるむらはるひこ）

■著者プロフィール

古村 治彦（ふるむら はるひこ）

1974年生まれ。鹿児島県出身。早稲田大学社会科学部卒業。早稲田大学大学院社会科学研究科地球社会論専攻修士課程修了（修士・社会科学）。南カリフォルニア大学大学院政治学研究科博士課程中退（政治学修士）。現在、SNSI・副島国家戦略研究所研究員、愛知大学国際問題研究所客員研究員。著書に『アメリカ政治の秘密』『ハーヴァード大学の秘密』（共にPHP研究所）、『悪魔のサイバー戦争をバイデン政権が始める』（秀和システム）、『バイデンを操る者たちがアメリカ帝国を崩壊させる』（徳間書店）、『世界覇権国 交代劇の真相』（佐藤優氏との共著、秀和システム）、訳書に『ビッグテック5社を解体せよ』（徳間書店）、『アメリカの真の支配者 コーク一族』（講談社）などがある。

「古村治彦の政治情報紹介・分析ブログ」(http://suinikki.blog.jp/)

返り咲き就任から100日
トランプの電撃作戦
世界覇権からの撤退を始めるアメリカ、
脱ドル化に進む世界経済

発行日　2025年　4月　5日　　第1版第1刷

著　者　古村　治彦

発行者　斉藤　和邦
発行所　株式会社　秀和システム
〒135-0016
東京都江東区東陽2-4-2　新宮ビル2F
Tel 03-6264-3105（販売）Fax 03-6264-3094
印刷所　三松堂印刷株式会社　Printed in Japan

ISBN978-4-7980-7475-7 C0031

定価はカバーに表示してあります。

乱丁本・落丁本はお取りかえいたします。

本書に関するご質問については、ご質問の内容と住所、氏名、電話番号を明記のうえ、当社編集部宛FAXまたは書面にてお送りください。お電話によるご質問は受け付けておりませんのであらかじめご了承ください。